JN402301

네모
안의
이야기

네모 안의 이야기

초판 1쇄 발행 2024년 12월 13일

지은이　신철범
발행인　김용성
기　획　박찬익
제　작　정준용
보　급　이대성

펴낸곳　요단출판사
등　록　1973. 8. 23. 제13-10호
주　소　07238) 서울특별시 영등포구 국회대로76길 10
기　획　(02)2643-9155
보　급　(02)2643-7290 Fax. (02)2643-1877

구입문의　요단서적 (02) 593-8715　대전서관 (042) 256-2109

ⓒ 2024. 신범철 all rights reserved.

값 15,000원
ISBN 978-89-350-1996-0 03230

이 책의 저작권은 저자에게 있으며, 출판권은 출판사가 소유하고 있습니다.
출판사의 사전 승인 없이 책의 내용이나 표지 등을 복제, 인용할 수 없습니다.

내 안의 너 안의 이야기

교회 밖에 있는 사람들에게

세상 속에 숨겨진 하나님의 나라를 보여주고 싶어서였다

신철범 지음

요단
JORDAN PRESS

> 추천사

신철범 목사님의 드라마 같은 삶을 생각할 때 책의 첫 문장은 잔잔하다고 느껴졌습니다. 그러나 한번, 그리고 두번의 독서를 마친 후 삶이 증거하는 경우 글은 치장이 필요 없다는 것을 깨닫게 되었습니다.

시詩를 옷 입은 듯한 단어들은 의도한 힘을 내재하고 있었고 지극히 평범한 저의 삶에 가장 적합한 모양으로 스며들었으니까요. 프롤로그 없이 읽었던 첫 글 '연잎의 진동'부터 신철범 목사님의 이야기는 '엄마'로만 존재하는 초라한 일상에 전율을 일으켰던 것입니다. 부모로, 부부로, 이 시대의 청년으로, 중년으로 무엇보다 크리스천으로 살아가는 우리에게 위로와 용기와 소망을 전하는 메시지, 그것은 온전히 목양이었습니다.

책의 소재는 누구에게나 가닿을 수 있는 '보편적'인 것이었지만 목사님의 삶은 '특별함' 그 자체. 이렇게 '보편성'과 '특별함'이 만난 이야기는 모두에게 신선하면서도 따뜻한 겹겹의 축복을 허락하고 있습니다.

시인 오은경

차
례

■ 추천사

■ 프롤로그 인생의 사계

1부 _

봄 … 연잎의 진동 · 019
　　　꿈 덕분에 · 022
　　　하회탈 · 025

여름 … U-세대가 아니다 · 029
　　　　하나 더하기 하나 · 034

	빅아일랜드의 헬리콥터	• 043
	미개척지를 찾아서	• 046
	하프타임	• 052
가을 …	도돌이표의 삶	• 057
	꽃대의 시간	• 063
	묵상의 숲속으로	• 068
	Afg國	• 072
	두미페	• 075
겨울 …	황홀한 해넘이	• 080
	멀리 그리고 아주 가까이	• 086
	엔드 크레딧	• 088

2부 _ 세상

Frame as Frame	• 095
희망	• 098
요람	• 100
록다운	• 102
콧물과 파리	• 104
몽골의 소나타	• 106
사막의 장미	• 108
하늘에는 새가 날고	• 110
압구정 로데오	• 112
Ebony & Ivory	• 114
캔버스 위의 버팔로	• 116
장터의 여인	• 118
가치의 몰락	• 120
저울추의 무게	• 122
아프리카를 품고	• 124
생의 의지	• 128
소통	• 130
직가	• 132
크리주칼나스	• 134

마그마	· 138
외길	· 141
천로역정	· 144
초승달의 향방	· 146
너무 멀고, 작다	· 148
망각의 계단	· 150
기억의 액자	· 152
쇼윈도를 지나	· 154
비움과 채움	· 156
초겨울이다	· 158
연기처럼…	· 160
낙엽의 시간	· 162
구겨진 종이의 스케치	· 164
DDP 계단	· 166
쉼	· 168

■ 에필로그

> 프롤로그

인생의 사계(四季)

"백 세의 삶이 가능한 현대는 멀티제네레이션의 시대다."

글로벌 트렌드 분야의 세계적인 석학이자 와튼스쿨의 경영학 교수인 마우로 기옌(Mauro F. Guillen)의 말이다.

그러함에도 불구하고
놀이가 인생의 전부인 아동기,
공부에 몰두하는 학창 시절,
직장에서 일하는 중년,
은퇴하여 노후의 삶을 사는 인생의 사계는 여전히 유효하다.
인생의 봄은 가능성의 시간이다.
인생의 여름은 공부하고 배우고 도전하는 열정의 시기이다.

**인생의 가을은 저마다 결실을 맺는 시절이며,
인생의 겨울은 모든 것을 갈무리하는 마지막 무대이다.**

한국인에게 인생의 사계절은 모두 힘든 시기이다. 반쪽짜리 반도에 사는 사람들은 조그만 국토, 부족한 지하자원, 세계에서 유일한 분단국가, 동서의 대립과 분열, 남북의 긴장, 남녀와 세대 간의 충돌, 불같이 맹렬한 경쟁 사회, 빈부격차, 강대국 사이에서 줄타기하며 수출을 해야 먹고사는 나라다. 그래서 한국인은 언제 어디서나 바쁘게, 열심히, 치열하게 주어진 일에 최선을 다해야 살아남는다. 그러다 보니 홍수와 가뭄으로 굴곡이 생긴 나이테처럼, 생生의 계절마다 피해를 본 상처들이 많다. 나는 목회를 하면

서 한국인들의 DNA에 숨어있는 내면의 긁힌 흔적들을 많이 보았다. 그래서 위로하며 격려하고 싶었다. 나의 글과 사진을 통해서 조금이라도 영혼의 아픔이 치유될 수 있다면 정말 좋겠다. 하여 아침마다 새롭게 찾아오는 하늘의 소리를 들으며 다시 일어서기를 진심으로 바란다.

나는 인생의 사계 중 세 개의 시절을 지나왔고, 이제 마지막 계절 초입에 서 있다. 아동기에는 두메산골 지리산 근처에서 들로 산으로 뛰놀며 자랐고, 학창 시절은 도시에서 경쟁이라는 것도 해 보았고, 광나루에서 신학 공부를 마치고 서울에서 7년을 사역한 뒤, 중년의 23년은 두바이에서 목회와 선교를 하면서 보냈고, 지구촌을 다니며 강의를 하였다.

나는 열사의 나라 중동에서 보낸 중년의 시간을 청년 시절보다 더 뜨겁게 보냈다. 목회자가 아니라 평신도 중심의 교회를 세우고자 노력했고, 선교의 주어인 주님을 따라 이슬람 OIC 57개국을 다녔다. 중동, 아프리카, 유럽의 선교사들을 두바이미션페스티발에 초청하여 회복의 시간을 갖게 하였고, 매월 매년 열방에 기도 & 의료 아웃리치팀을 보내어 상처받은 그 땅 백성들의 영과 육을 치유하며, 선교지마다 필요한 것을 필요한 시점에 플로잉하기 위해 온 힘을 기울여 왔다.

또한, 열방의 국경을 넘나들며 세계 각처에 퍼져있는 해외 디아스포라 한인교회에서 세미나를 인도하며 메시지를 전했다. "지금, 이 순간 하늘에서 부른다 해도 후회 없이 떠나갈 수 있다."라

고 생각할 만큼 열정적으로 살았던 것 같다.

해외에 나갈 때마다 성경뿐 아니라 카메라도 챙겼다. 그것이 자연이든 사람이든 어떤 피사체가 마음에 부딪혀 오면 그 앞에 오랫동안 머물렀다. 내 시선을 사로잡은 그 대상 앞에 가만히 있다 보면 보이는 것들이 있다. 가끔 은총의 시간이 허락되면 커튼을 열고 떨기나무에 붙은 불꽃을 보기도 한다. 여백의 시간이 있으면 틈틈이 글을 쓰고 사진을 찍었다.

나는 지난 30여 년 동안 교회 안에서 성경 속의 단어를 가지고 크리스천들에게 메시지를 전했다. 그런데 내가 10년 일찍 담임목사직을 내려놓은 까닭은 교회 밖에 있는 사람들에게 세상 속에 숨겨진 하나님의 나라Kingdom of God를 보여주고 싶어서였다. 옥토

밭에서, 마구간에서, 겨자씨에서, 노파의 엽전 두 닢에서, 뽕나무 위의 세리에게서, 사마리아 여인에게서, 밀림과 사막에서, 압구정 로데오 뒷골목에서, 십자가 우편의 강도에게서, 공중 나는 새와 들에 핀 백합화에서 발견되는 천국天國의 모습을 보여주고 싶다.

자동차 기어를 중립에 두면 전진과 후진이 모두 가능하듯, 영혼의 기어를 중립에 놓으면 과거와 미래뿐 아니라 세상 한복판에 숨겨진 성스러운 것들이 보이기 시작한다.

영성의 최고봉은 중간 태이다.

"너희는 가만히 있어 내가 하나님 됨을 알지어다." (시 46:10)

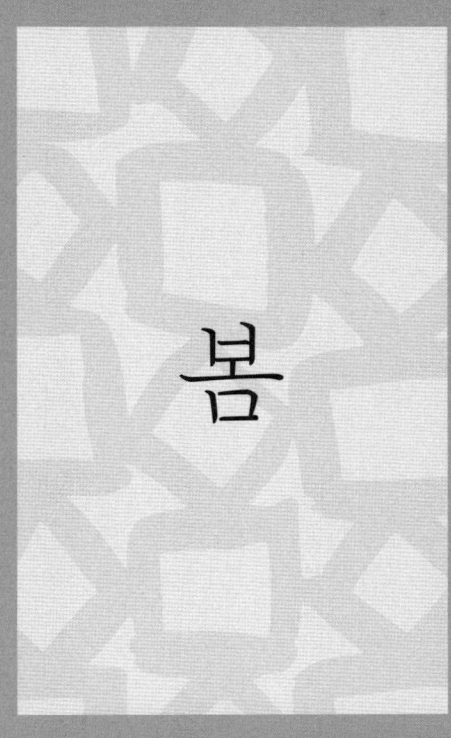

네모 안의
이야기

연잎의 진동

봄날 새벽,
하늘에서 홀연히 내려온 안개들이 연잎 위에 닿으면
그 미세한 물방울들은 한 알의 진주가 된다.

동그란 투명체는
연잎 속으로 스며들지 않고,
그 형태를 흐트러뜨리지도 않는다.
그 자태를 잃지 않던 고고(孤高)한 물방울이
세상의 온도에는 민감하게 반응한다.

기온이 내려가면 고체가 되어 땅으로 떨어져 깨지기도 하고,

투명한 액체는 아침 해라도 솟아오르면 프리즘을 통과한 빛처럼 자기 속에 숨겨두었던 빨주노초파남보 형형색색의 개성을 엣지 있게 표현하기도 한다. 기온이 올라가면 기체가 되어 푸른 하늘을 향하여 멋지게 비상한다. 생명을 품은 한 알의 진주알은 무한한 가능성이다.

초록의 수평선은 투명한 생명체를 품고 환대하는 엄마의 가슴이고, 사랑의 넓이다. 남자의 주민등록증은 '1(3)'로 시작하고 여자는 '2(4)'로 시작하듯 아이는 먼저, 엄마의 순서는 언제나 나중이다. 연잎과 물방울은 산소와 수소처럼 영원한 H_2O다.

물방울이 연잎 속으로 배어들지 않고 형상이 부서지지 않는 까닭이 공기를 품은 무흡수성 세포조직 때문이거나, 매끈매끈한 잎 표면의 솜털 때문이거나, 나노 크기의 울퉁불퉁한 표면의 '연잎 효과'lotus effect 때문이라고 말한다. 그런데 실상은 길쭉이 올라온 잎자루의 보이지 않는 진동 때문이라고 하니 놀랍지 않은가?

설레임으로 출근한 아빠는 세상과 한판 자웅을 겨루다가
두렵고 떨리는 마음으로 퇴근한다.
치열한 경쟁 사회 속에서 자녀를 잘 키울 수 있을까?
정글의 법칙이 난무하는 세상의 한복판에서

아이가 다치지 않고 자랄 수 있을까?
불안으로 불면의 밤을 지새운 아빠의 마음은
연잎의 잎자루처럼 심히 떨린다.

어느 날 홀연히 하늘에서 내려온 빛나는 투명체는 엄마의 넓은 수평선 위에서 그렇게 그렇게 자기만의 색을 표현하고, 어느 날 홀연히 하늘에서 내려온 영롱한 물방울은 아빠의 떨리는 수직선 위에서 그렇게 그렇게 현존하는 내일의 꿈을 꾸다가 세상에 하나밖에 없는 그 사랑의 넓이와 그 희망의 높이를 알아 갈 때쯤, 연잎은 시들고 고개를 떨구며 한 알의 진주는 훨훨 날아간다.

"**천국의 삶에는 아이들이 중심에 있다.**" (MSG, 막 10:15)

꿈 덕분에

어린 시절 가정불화, 중학교 중퇴, 검정고시, 실업계 고등학교를 거쳐 대학 졸업 후, 골드만삭스와 영국 로열더치쉘에서 근무하며 지금도 세계 도처에서 자신의 버킷리스트를 하나씩 실행해가는 《멈추지 마, 다시 꿈부터 써봐》의 저자 김수영은 말했다.

그것은 '꿈' 덕분이라고.

성경도 동일하게 말한다.
"꿈(비전)이 없는 백성은 망한다." (잠 29:18)
꿈은 하늘에서 내려주신 그림 언어이다.
스스로 빠져나갈 수 없는 큰 물통에 쥐를 넣고 빛을 차단한 뒤 헤엄을 포기할 때까지 시간은 불과 3분. 하지만 똑같은 크기의 물통에 쥐를 넣되 한 줄기 작은 빛을 비추어 주자 무려 36시간 이상 헤엄쳤다.

바늘구멍을 비집고 들어온 빛을 본 쥐는 빛을 보지 못한 쥐보다 무려 720배 이상을 버틴 셈이다. 흑암 속의 쥐는 아무런 소망이 없었고, 동일한 환경이지만 가느다란 빛줄기를 본 쥐에게는 희망이 있었던 까닭이다.

인생을 살다 보면 때로 앞을 보지 못하도록 만드는 짙은 안개가 그대들의 삶을 어둡고 두렵게 만들 것이다. 하지만 도시를 뒤덮는 수 킬로미터에 달하는 짙은 안개를 모으면 한두 컵의 물에 불과하다.

힘든 상황 때문에 부정적인 생각이
안개처럼 피어오를 때마다 그 실체를 기억하라.
그대들의 마음을 뒤덮고 있는 걱정과 두려움의 안개는
실상 손에 쥘 수 있는 한 컵의 물에 불과하다는 사실을.

좋아하는 일에는 해법이 보이고,
싫어하는 일에는 핑계가 생길 뿐,
꿈이 있으면 길은 보이는 법이다.

집 안에서 자라면 콩나물이 되고,
집 밖에서 자라면 콩나무가 된다고 하지 않던가.
이제 온실 밖으로 뛰쳐나가 더 큰 세상으로 달려가라.

그대들은 열기 가득한 경쟁의 땅에서도
삶의 수레바퀴를 힘차게 굴려오지 않았는가?
광야에서 야곱이 꾸었던 벧엘의 꿈처럼,
그대의 꿈을 붙잡고 평생 달려갈 수 있는
희망의 땅에 장막을 세우기를 축복한다.

하늘에서 주신 꿈을 붙잡고
저 높은 창공을 향해 멋지게 비상飛上하기를,
그대들이 꾸는 꿈 때문에
광야의 돌베개가
하늘나라의 기둥이 되기를 응원하며…

하회탈

중고등부 학생들에게 "나에게 아버지란 (　　　) 이다."라는 설문 조사를 한 적이 있다. 철없는 아이들 같은데, 그들이 표현하는 아버지에 대한 묘사는 나를 놀라게 했다.

1. 나에게 아버지란 (그림자) 이다.
2. 나에게 아버지란 (마감 없는 원고) 이다.
3. 나에게 아버지란 (하회탈) 이다.
4. 나에게 아버지란 (낮에 나온 달) 이다.
5. 나에게 아버지란 (외로운 뒷모습을 가진 분) 이다.
6. 나에게 아버지란 (뛰어 넘지 못하는 산) 이다.
7. 나에게 아버지란 (희생) 이다.

8. 나에게 아버지란 (조연출) 이다.
9. 나에게 아버지란 (아련함) 이다.
10. 나에게 아버지란 (북극성) 이다.

청소년들이 묘사한 아버지에 대한 상징적 이미지는 이런 뜻일 거다.

1. 늘 보이지 않는 것 같지만, 그림자처럼 뒤에서 날 지켜봐 주시고,
2. 마감 없는 원고처럼 아버지의 역할은 끝이 없으며,
3. 슬프고 아파도 가슴으로 웃고 울지언정, 가족을 위해 이상야릇한 미소를 짓는 하회탈 같고,
4. 태양처럼 뜨겁게 존재를 알리지 않지만, 밀물과 썰물을 만들어 주시는 달과 같은 존재이고,
5. 아버지는 회사 일로 늘 '부재중'이었지만, 홀로 많이 외로울 것 같고,
6. 아버지는 내 인생의 백그라운드 되시는 큰 산이시고,
7. 가족을 위해 퇴근하는 모습을 보면 늘 탈진해 계시고,
8. 자녀들이 세상에서 주연이 되도록 뒤에서 도와주시는 조

연출과 같은 존재이시고,

9. 살아계실 적에 아빠의 사랑을 알지 못했고, 떠나신 후에야 겨우 깨달았기 때문에 아련함으로 남고,

10. 지금은 아버지의 얼굴을 볼 수도 손을 만질 수도 없지만 항상 내 삶의 방향을 바로 잡아주시는 북극성 같은 존재라는 의미가 아닐까.

" **내가 너를 내 손바닥에 새겼고**" (사 49:16)

여름

U-세대가 아니다

작가는 펜을 들고 글을 쓰다가 마침표를 찍는다. 문장이 완성되어서가 아니라 한 줄의 글이 끝났기 때문이다. 한 줄 한 줄을 매듭짓는 수많은 점이 모여 한 편의 글이 완성되듯, 우리 인생은 입학과 졸업, 입사와 퇴사, 결혼과 이혼, 탄생과 죽음, 삶의 굴곡마다 찍는 크고 작은 마침표가 있어서 한 편의 인생 책이 완성되는 법이다.

그래서 전도자가 말하지 않았는가?

" 태어날 때가 있고 죽을 때가 있다.
탄식할 때가 있고 환호할 때가 있다.
찾을 때가 있고 포기할 때가 있다." (MSG. 전도서 3:2~6)

인생의 고비마다 찍는 점들은 형용사 - 기쁨과 슬픔의 감정들이 섞여 있다. 입학과 입사의 순간에는 기쁨과 행복의 흰 포말이 날아오르고, 퇴사와 이별의 변곡점들은 우울과 슬픔의 모래알로 변한다. 이러한 감정들은 영혼의 조타수와 같아서 그대들을 기뻐 날뛰게도 하지만, 깊은 좌절감에 빠지게도 만든다. 하지만 획득의 기쁨과 상실의 슬픔이 씨줄과 날줄이 되어 그대들의 삶을 아름다운 작품으로 빚어간다.

그대들은 열정으로 치닫던 대학 시절이 있었을 것이다.
모든 것이 가능했던 시절 말이다.
하지만 치열한 경쟁의 직장생활과
정글의 법칙이 난무하는 사회생활 속에서
뜨거운 열사의 모래바람 앞에서
그리고 아주 작은 바이러스의 볼모가 되어
한없이 무력해 보이는 시점들도 있을 것이다.

예수님도 그러셨다. 그분은 주먹 쥔 군중의 외침 소리 앞에 침묵했고, 채찍과 창끝 앞에서 연한 순같이 너무나 무력했다. 하지만 "마음을 쪼개며 보도블록을 밀고 올라오는 보이지 않는 작은 이들, 조용한 사람들과 풀과 나무 안에 숨어있는 힘들"을 찬미

했던 조지 메리디스G.Meredith의 말처럼, 그대들의 영혼 속에 주께서 숨겨둔 힘을 발견하기를.

> "저것은 벽,
> 어쩔 수 없는 벽이라고 우리가 느낄 때
> 그때 담쟁이는 말없이 그 벽을 오른다.
> 물 한 방울 없고, 씨앗 한 톨 살아남을 수 없는
> 저것은 절망의 벽이라고 말할 때
> 담쟁이는 서두르지 않고 앞으로 나아간다." 《담쟁이》, 도종환

이름 없는 담쟁이조차 온몸으로 웅변하고 있지 않는가?
불확실한 미래가 그대들의 시야를 흐리고,
두 발 딛고 서 있는 발판은 심하게 흔들거리며,
염려와 불안의 파도가 마음을 요동치게 하고,
터널의 끝이 보이지 않는 두려움과 인생의 어두움이
더욱더 여러분의 삶을 짓누를 때가 있을 것이다.

하여, 나는
운이 없고unluckey,
불행하고unfortunate,

직장이 없는 unemployed

U-세대 Generation U라며 주저앉아 울부짖고 싶겠지만, 그 중력을 버티어 낼 힘이 그대들의 내면에 깃들어 있음을 잊지 마시길. 실상 시작, 희망, 행복은 보이지 않는 아주 작은 힘에서 출발하는 까닭이다. 담쟁이처럼…

대한민국 사람들의 최대의 고민거리 중 하나인 짜장면이냐 짬뽕이냐 둘 중 하나를 고르는 것처럼 우리는 매일 매 순간 희망이냐 절망이냐 둘 중 하나를 선택해야 한다. "희망은 두려움 없이 있을 수 없다."라는 스피노자의 말처럼 아무도 가본 적 없는 미지의 세계를 향한 선택은 그래서 늘 불안한 법이다.

하지만 주님께서도 말씀하지 않으셨는가?

절망의 벽을 넘어 하늘로 날아오를 것이라고…

" 독수리가 날개를 펼쳐 날아오르듯 내가 새 힘을 줄 것이며 내가 새 일을 행할 것이다" (사 40:31, 43:19)

지구를 감싸고 있는 자력선이 언제나 그곳에 있지만 나침반의 바늘이 움직일 때 그 힘이 얼마나 큰지 깨닫게 되듯이 절망의 벼랑 끝에서 믿음의 번지점프를 하게 될 때 비로소 절망의 중력을 이겨내는 '새 힘'을 만나게 될 것이다.

불타는 떨기나무 앞에 섰던 그대들이여, 단 한 번뿐인 인생ᔆ生이기에 일생一生이라 하지 않던가.

어제, 누군가가 일구어 놓은 세상에서 무임승차하는 이들을 부러워하지 말고, 이제 그대들만의 Unique 출발선에 서기를.

영혼의 호루라기 소리가 들리리니 그때 푯대를 향하여 사자후를 토해내며 힘차게 달려 나가기를 응원한다.

두 팔 들어 박수를 보내며….

하나 더하기 하나

결혼을 의미하는 단어 W-e-d-d-i-n-g.
Wedding은 'We'가 'I'보다 앞선다.
'결혼'은 '1인칭의 삶'이 '2인칭의 삶'으로 우선순위가 바뀐다는 뜻이다. '나'보다 '부부'가 먼저라는 의미이다.
독일속담에 "결혼은 쉽고, 가정은 어렵다."는 말이 있다.
'I' 앞에 'We'를 두는 것이 단어처럼 쉽지 않다는 뜻일 게다.
어떻게 'I'가 아니라 'We'를 앞에 오게 할 수 있을까?
그것은 말처럼 쉽지만은 않다. 두 사람이 서로 다르기 때문이다. 서로가 살아온 성장배경이 다르고, 문화가 같지 않고, 생각하는 방식과 행동하는 양식도 차이가 난다. 결혼 전에는 서로 다른 모습에 이끌려 좋아하고 사랑의 싹이 터서 결혼에 이르지만, 결혼 후에는 바로 다른 모습 때문에 갈등하기 시작한다.

성경은 이렇게 말한다.

" 남자가 … 그의 아내와 합하여

그 둘이 한 몸이 될지니라" (창 2:24)

결혼은 남자와 여자, 두 사람이 합하여 한 몸이 되는 것이다. 수학의 법칙은 1+1=2가 되는 것이다. 그러나 하나+하나=하나가 되는 것이 있는데, 이것이 바로 결혼이다. 그래서 둘이 하나가 되는 것이 바로 결혼의 목표이자, 신비다. 두 사람이 하나가 될 때, 'We'가 'I'보다 앞에 올 수 있다. 하나 더하기 하나가 되려면 어찌해야 할까?

Ⅰ. 먼저 만남의 신비를 알아야 하겠지.

초등학교에 들어가면 아라비아숫자를 배운다.

일, 십, 백, 천, 만…, 억, 조, 경, 다음은 해垓다.

여기서 해는 10의 20제곱이다.

10의 20제곱이란 1 다음에 동그라미가 20개가 붙어 있다는 뜻이다. 그다음은 자秭, 양穰, 구溝, 간澗, 정正, 재載, 극極. 극은 10의 48

제곱인 숫자다.

그 이후는 불교佛敎의 세계다.

10의 52제곱은 항하사恒河沙인데, 이수는 갠지스강의 모래알처럼 많은 수량이라는 뜻이다.

10의 56제곱인 아승기阿僧祇는 표현할 수 없을 만큼 많은 수를 말한다.

10의 60제곱은 나유타那由他.

마지막으로 10의 64제곱을 일컫는 숫자가 있다.

10의 64제곱이란 1다음에 동그라미가 64개나 되는 수를 말한다.

그것을 일컫는 수가 바로 '불가사의不可思議'다. 불가사의라는 숫자는 사람의 생각으로 헤아려 셀 수 없는 수를 말한다.

하나 더하기 하나의 결혼이란 아브라함 이후 B.C. 4,000년, A.D. 2,000년, 합하여 6,000년의 수직적인 시간 속에서, 바로 이 시대의 한 시점에 출생하여, 전 세계 80억의 수평적인 인구 속에서 만나는 사건이다. 두 사람이 6,000년의 수직적 시간과 80억의 수평적인 인구의 교집합 속에서 만날 확률이 얼마나 될까? 두 사람이 만날 수 있는 확률은 도저히 계산할 수 없는 불가사의한 사건이다. 두 사람이 역사의 한 시점과 세상의 한 지점에서 만나 결혼하는 10의 64제곱의 불가사의한 만남은 결코 우연일 리 없다.

이 만남이 불가사의한 신비임을 깨달을 때, 두 사람이 하나 더하기 하나가 될 수 있으리라.

Ⅱ. 또한, 예복의 의미를 알아야 하지 않을까?

신부의 예복은 흰색이다. 흰색은 깨끗함, 순수함을 상징한다. 하얀 드레스를 입고 있는 신부의 모습이 얼마나 아름다운가? 하지만 또 다른 의미를 찾는다면 그것은 항복이다. 전장에서 흰 색기는 두 손을 들고 항복을 나타내는 표시다.

그렇지 않은가?

흰색드레스는 '나는 당신께 항복합니다.'라는 뜻을 내포하고 있다. 흰옷을 입는 것은 상대방의 말에 순종하겠다는 표현이다.

아내의 순종은 남편의 머리 됨과 자존감을 인정하는 것이고, 남편의 자존감을 높여줄 때, 실상 자신이 더 존귀해진다.

어떤 책에서 '아내가 가장 예뻐 보일 때'가 언제인지 이렇게 썼다.

20대, 나를 위해 예쁜 아기를 낳아줄 때
30대, 집 평수가 좁다고 징징거리지 않을 때
40대, 삼계탕, 보신탕 끓여줄 때

50대, 뜨개질하면서, "당신 살 빼야 해요."라고 말할 때

60대, "당신 젊었을 때 멋있었죠." 하며 윙크할 때

70대, "우리 죽거든 같이 묻힙시다." 하며 주름진 눈가에 이슬이 맺힐 때

아내가 남편의 자존심을 지켜주며, 순종할 때 예뻐 보이는 법이다.

반면, 신랑의 예복은 주로 검은색이다.

검은색은 중후한 무게감을 느끼게 해준다.

남편은 가족의 짐, 경제의 짐을 짊어져야 한다.

그래서 남편에게는 인생의 무게가 느껴지는 법이다.

검은색에는 또 다른 의미가 있다. 그것은 바로 죽음이다.

검은색 예복의 의미는 '나는 당신 앞에서 죽었습니다.'라는 뜻이다.

예수 그리스도는 십자가에서 우리를 위해 죽으셨다.

사랑은 자아의 죽음을 통해서 전달된다.

사랑은 부사나 형용사가 아니다. 사랑은 동사다.

동사는 자신을 소진하고 희생한다.

Ⅲ. 더불어, 서로의 거리가 있어야 할 것이다.

연리목連理木이라는 나무는 뿌리가 다른 두 그루의 나무의 줄기가 합쳐져서 한 나무인 것처럼 자란다. 한 나무가 다른 나무의 몸속을 파고 들어가 수분과 양분을 흡수하며 자라는 형태다. 이것이 동양의 전통적인 부부의 모습이다. 옛날 한국의 여인들은 남편과 자식을 위하여 희생하는 연리목 형태의 결혼생활을 강요당했다.

반면, 연리지連理枝는 두 나무의 가지가 맞닿아서 결이 서로 통한 것을 말한다. 뿌리나 몸통은 떨어져 있지만, 가지가 붙어 한 나무인 것처럼 자란다. 서로 사랑하지만, 서로의 거리를 인정하므로 가지만 잇닿아 서로의 양분과 수분을 공급하는 사랑의 표상이다. 연리지는 부부간의 사랑에도 거리와 간격이 필요하다는 메시지를 담고 있다.

생각해 보라.

男은 시각적이고, 女는 청각적이다.

男이 시각적이므로 女는 옷을 단정하고 세련되게 입으면 관심을 받을 것이다. 女는 청각적이므로 男은 아내에게 사랑의 고백을 자주 해주어야 한다.

무엇보다 男은 수직적으로 사고하고, 女는 수평적으로 생각한다. 이처럼 男과 女는 서로 90도 차이가 있다. 그 차이를 인정하지 않고 수평을 수직으로 세우려 하거나, 수직을 수평으로 눕히려 할 때, 두 사람은 평행선을 긋게 될 것이다. 수직과 수평의 차이를 인정할 때만 그 교집합 속에서 만나 하나 될 수 있다. 수직과 수평이 만나면 그 모양은 마이너스가 아니라 플러스가 된다. 서로의 차이를 인정하고 하나 될 때, 행복한 플러스계절이 찾아올 것이다.

뿌리가 다른 두 그루의 나뭇가지가 하나 되는 연리지가 되려면, 적어도 10년 정도의 세월이 필요하다고 한다.
새로 산 구두도 처음에는 딱딱해서 발이 아픈 법이다.
오래 신어야 신발이 편해진다.
청바지를 사면 처음에는 옷이 드세다.
그 옷은 오랫동안 입고 닳아져야 부드러워진다.
두 사람이 서로 부드럽고, 편하기 위해서는 시간이 필요하다.
결혼은 "3주를 만나고, 3개월을 사랑하고, 3년을 싸우고, 30년을 참는 것"이란 말이 있다. 서로의 다름이 깎여져야 하기 때문이다. 그래서 가정은 인내의 지성소이다.
그동안 살아온 배경이, 환경이, 교육이, 성격이, 습관이, 가치관이 다른 까닭이다. 서로 사랑의 연리지가 되려면 기다림은 필

수과목이다.

영국의 어떤 신문사에서 큰 경품을 걸고 재미있는 문제를 게재했다.

"런던에서 스코틀랜드까지 가장 빠르게 가는 방법이 무엇입니까?"

많은 사람이 이 퀴즈에 응모했다. 람보르기니를 타고 가는 것, 고속전철을 이용하는 것, 비행기를 타고 가는 것 등 여러 가지 답이 나왔는데, 최후에 당첨된 것은 "비행기나 고속철이 아니라, 사랑하는 사람과 함께 가는 것"이었다. 그렇지 않은가? 아무리 빠른 비행기를 타고 간다고 한들 원수가 옆자리에 앉아 있다면, 아마 한 시간이 열흘처럼 느껴질 것이다. 반면 사랑하는 사람과 함께 가는 길이라면 비포장도로라 할지라도 열 시간이 언제 지나가 버렸는지 모르게 지나갈 것이다. 그러니 사랑하는 사람과 함께 가는 것만큼 빠르게 가는 방법이 있을 리 만무하다. 단 한 번뿐인 인생, 다시 오지 못할 청춘. 죽도록 사랑해도 모자랄 판이다.

큰딸이 초등학교 다닐 때 나에게 메시지를 보냈다.

"A Daddy is son's first hero and daughter's first love."

"아빠는 아들에게는 첫 번째 영웅이고, 딸에게는 첫 번째 사랑이다."는 뜻이다.

지금부터 신랑은 신부에게 첫 번째 영웅이 되고 신부는 신랑에게 첫 번째 사랑이 되어보는 것은 어떨까?

스테반 폴란Stephen M. Pollan과 마크 레빈Mark Levine은 공저한 《2막》Second Acts에서 이렇게 말했다.

"여러분이 인생의 제2막 커튼을 들어 올리기 위해 맨 먼저 해야 할 일은 오직 자신에게 꿈꿀 권리를 주는 것, 그것뿐이다. 꿈은 이루어진다! 그렇지 않다면 신이 우리에게 꿈을 꾸도록 만들었을 리가 없다."

'하나 더하기 하나가 둘이 아니라 하나'가 되는 꿈을 꾸는 신랑과 신부들에게 보내는 축사.

빅아일랜드의
헬리콥터

아픈 아이 때문에 집과 병원만 오가던 아내가 어느 겨울밤, 아이가 잠든 사이 쓰레기를 버리고 집으로 들어오며 현관 문고리를 잡고 기도했다고 말했다.

"하나님, 이다음에 하나님이 지으신 세상을 저에게 다 보여주세요."

한숨과 탄식의 외마디였다.

7년이라는 시간이 흐르고 칠흑같이 어두운 터널이 지나갔다. 스스로 먹지도, 마시지도, 걸어 다니지도 못하고, 밤에 온몸을 비트느라 땀이 범벅이 되어도 스스로 뒤집지도 못하고, 옆구리에 꽂혀있는 튜브를 통해서 우유를 먹어야 하며, 자신의 고통을 말로 표현조차 하지 못하고 온종일 누워있어야만 했던 아이, 뇌성마비로 고통받던 아들이 우리 곁을 떠날 때, 그때 나는 알았다. 아들 예수께서 십자가에 달리셔서 숨을 거두실 때, 하늘 아버지께서는 차마 그 고통을 볼 수 없어서 "온 땅에 어둠이 임하게 하셨고"(마 27:45), "땅이 진동하고 무덤이 열리고 바위가 터진 것"(마 27:51 ff)은 하나님의 절규였다는 사실을.

그 후 3년쯤 지났을 때, 하나님께서 아내의 외마디 탄식을 기억해 내셨다. 한국에 있던 지인이 "그동안 수고했다."라며 하와이 항공권과 여행비를 보내주었다. 출발 전, 한 성도님이 "하와이 가면 꼭 헬기 투어를 하시라."라며 봉투를 건네주었다. 하여, 하와이 빅아일랜드에서 헬기로 투어하는 기회를 가졌다.

자동차에서는 볼 수 없는 하와이의 웅장한 계곡과 폭포, 멋지고 아름다운 풍광들을 한눈에 내려다 볼 수 있었다. 특히 헬기 투어의 화룡점정은 아직도 활동하는 활화산 위로 가는 것이었다. 헬기는 쇳물이 펄펄 끓는 용광로처럼 살아 꿈틀거리는 분화구 바로 위로 가서 멈추었다. 조종사는 "이곳에서 일한 지 6년 차인데 마그마가 이렇게 많이 용솟음치며 흘러내리는 것은 처음 본다."라며 "창밖으로 손을 내밀어 용암의 뜨거운 열기를 느껴 보라."고

했다. 창밖으로 팔을 뻗어 손을 내밀었을 때, 마그마의 열기가 느껴졌다. 눈을 감고 손에 닿은 열기를 온 맘으로 흡수했다.

……….

펄펄 끓는 붉은 용암은 예수 그리스도의 심장이었다.
용광로 위로 솟구쳐 분화구 밖으로 흘러내리는 마그마는 골고다에 흘러내리는 예수의 핏줄기였다.

" **내가 예수 그리스도의 심장으로…얼마나 사모하는지**" (빌 1:8)

미개척지를 찾아서

男과 女가 처음 만날 때는
지구상에 남은 단 한 명뿐인 것처럼 외눈박이가 된다.
하여, 그대와 그녀는 드디어 한 지붕 아래 살게 되었다.

시간이 흐르다 보면 설레임도 흥분도 가라앉게 된다.
男과 女는 같은 책을 읽지만, 마지막 페이지를 덮은 뒤 후기를 나누다 보면 각기 다른 문장에서 의문을 표출하고, 각자 다른 지점에서 물음표와 느낌표를 찍는다.
가끔, 아주 가끔 공감하기도 한다.
마치 서로 다른 책을 읽은 것처럼…

시간이 조금 더 흐르다 보면,

男과 女는 생각에 온도 차가 심해지고,

서로의 메시지는 엇박자가 나면서 덜컹거리기 시작한다.

감정의 입맛은 누구나 편식이 심하기에

무의식 속에 숨어있던 심술궂은 단어들이

시도 때도 없이 뻥튀기처럼 튀어나오기도 한다.

그러다 어느 날 울퉁불퉁한 삶의 도로 위로

오르락내리락하는 감정의 사륜구동을 몰고 와서

불에 달군 쇠도장을 들이밀며 서로에게 낙인烙印을 콱콱 찍어댄다.

"당신의 요구사항은 끝이 없어"

"감사는 없고 불평불만만 가득해"

"재미도 없고, 유머도 없어"

"옷 입는 센스는 너무 촌스러워"

"공감 능력도 꽝이야"

"거기다 질투심은 끝판왕이지"

"매사에 돈 돈 돈!"

"맨날 소음 같은 말만 해대지"

이제 잠시 멈추어 서서 생각해 보자.

그대와 그녀는 서로를 위해 힘들게 몸짓하며 견디어오지 않았는가? 생활의 굴곡들을 함께 이겨냈고, 자녀에 대한 무한 책임, 삶의 무거운 짐, 경제의 무게를 등에 지고 오아시스를 향해 열사의 모래사막을 힘겹게 걸어오지 않았던가? 두 사람은 매일 끝내야 하는 인생 시간표에 따라 알뜰하게 살아오지 않았는가? 다만 "영혼은 낙타의 속도로 움직인다."는 아랍 격언처럼, 두 사람이 서로 다른 생물학적 노화, 변화무쌍한 세상의 보폭에 적응하는 속력이 달랐을 뿐이다. 대륙 간 횡단 비행기를 타면 시차 적응이 필요하듯 서로의 감정과 생각에도 시간 차이가 존재한다. 男과 女가 함께하는 시간이 적을수록 시차는 커지고 적응에 더 많은 시간이 걸리기 마련이다.

그뿐인가?

男과 女의 마음의 시차가 커지고 상처받은 감정들이 쌓여가면서, 각자 '에고ego의 이상형'이라는 성城은 더욱 견고해진다. 아예 성문의 빗장을 걸어 잠그고 '출입 금지'라는 팻말을 걸어놓고서 성문 안을 들여 다 볼 수 없게 만들어 버리기도 한다. 이제는 바뀔 마음이 없다. "아니 다시는 바뀌지 않겠다."라며 입술을 깨문다. 시간이 흐를수록 굳어져 가는 옹고집의 성문은 더욱더 철벽이 되어 서로의 영혼 깊은 대륙을 구경조차 못 하게 막는다. 서로에 대한 기대치는 좀처럼 낮아지지 않고, 좀 더 높은 상승장을 기대해 보지만 현실은 얼룩덜룩하고, 그녀가 꿈꾸던 행복의 성城은 자꾸만 희미해지고, 그대가 서 있는 시공간의 거리는 자꾸만 멀어진다.

그뿐만이 아니다.

사람들은 땅 아래로 3m를 파고 들어가 본 적이 없고, 땅 위로 3m를 뛰어 올라가 본 적도 없다. 자동차를 타고 다니며 지구 표면의 일부를 겉핥기로만 알 뿐이다. 男과 女는 서로의 마음 깊은 대륙을 얼마나 깊이, 오랫동안 탐험해 보았는가? 실상 그대와 그녀의 영혼 깊은 대륙에 아웃리치를 한 번도 가보지 못하고 아직도 답사조차 못 한 미개척지가 1,000개는 남아 있을 것이다.

"M. 휘슬러M. Whistle가 안개를 그리기 전까지 런던에 안개가 없었다."라고 O.와일드Oscar Wilde는 말했다. 설마 그럴 리가? 그 말은 런던시민이 새벽 강가의 안개를 보지 못했다는 말이 아니라 화가의 탁월한 예술성으로 안개의 지위를 감성의 화폭 위로 올려놓기까지 사람들은 안개를 보아도 아무런 감흥이나 흥미를 느끼지 못했다는 뜻이리라.

이처럼 새벽안개가 눈에 들어온다면?

만약 성문의 빗장이 열린다면 어떻게 될까?

서로의 국경지대를 순찰하지 않아도 되고,

서로 다른 시차 때문에 잠을 설치지 않아도 될 것이다.

침묵의 어색함을 피하려고 수다쟁이가 되지 않아도 되며,

고요한 호수처럼 그냥 가만히 있어도 불편하지 않을 것이다.

그뿐이 아니다.

쇼핑카트를 옆에 세워두고

옆 사람과 수다를 떠는 모습이 지루하지 않으며,

하루 일과에 치여 넥타이를 풀어 젖히고

소파에 비스듬히 누워 TV를 보는 흐트러진 자세가 거슬리지 않고,

뱃속에서 꼬르륵 소리가 나도 얼굴을 붉히지 않아도 되고,

삼겹살을 올려놓은 상추쌈을 먹을 때 우아하지 않아도 되는,

그래서 서로가 편한 시점이 찾아올 것이다.

안개를 걷어내고 영혼의 대륙에 조금씩 조금씩 발을 들여놓은 까닭이다.

"혼자서는 절대로 성격이 형성되지 않는다."는 스탕달Stendhal,

의 말처럼,

그렇게 함께 어우러지면서 서로의 모난 말이, 어긋난 행동이, 부딪치는 성격이, 조금씩 조금씩 부드러워지지 않겠는가.

男과 女는 화성과 금성처럼 생각이 다르다고들 말하지만 굳게 잠겨있던 성벽 문의 자물쇠를 풀 수만 있다면, 서로가 놓쳐버린 그대^{He}와 그녀^{Her}의 영혼의 대륙에 한발씩 들여놓을 수만 있다면, 첫 설렘, 첫 감동, 첫 행복 못지않은 또 다른 숙성된 가치를 발견할 수 있으리라.

천국은 머리 위에만 있는 것이 아니라 소중한 것은 가까이 아주 가까이, 내 두 발 주위에 있는 것을 알게 되리라.

男과 女가 서로의 미개척지를 탐험하여
시차에 적응하는 지어미와 지아비가 되기를 꿈꾸며….

하프타임

벌써 6월이다.
방학 시즌은 살아온 시간과
살아갈 시간 사이의 막간幕間이다.
어떻게 보내야 할까?

백미러를 통하여 어제를 뒤돌아보면, 코로나가 기승을 부리던 시기에 우리는 아우디를 타고 아우토반을 달린 것이 아니라 사륜구동을 타고 비포장도로를 달렸다. 아이들의 학교생활은 적신호 앞에서 무작정 기다려야 했고, 직장인들은 함몰웅덩이에 빠져 한 치 앞이 보이지 않았으며, 가족들은 집안에서 꼼짝달싹하지 못하는 시간을 보내야 했다. 하지만 그대로 희망을 저당 잡힐

수는 없지 않은가?

어떤 샐러리맨이 직장을 잃은 후,
가족을 부양하기 위해 하루 종일 발품을 팔고
뛰어다녀 봐도 탈출구가 보이지 않았다.
지친 발걸음으로 터벅터벅 걸어가며 공터를 찾았다.
공터 벤치에 앉아 아이들이 하는 야구 시합을 보게 되었다.

게임은 14:0으로 지고 있었다.
게임은 이미 끝난 것과 다를 바 없었다.
그런데 자신이 앉아 있는 벤치 앞에서
수비를 보고 있는 아이는 조금도 절망적인 표정이 아니었다.
오히려 얼굴에는 밝은 미소가 가득했다.

샐러리맨이 그 아이에게 물었다.
"얘, 너희 편이 지금 14:0으로 지고 있는 거 맞지?"
"옙"
"그런데 너는 조금도 절망적으로 보이지 않는구나."
그러자 아이가 말했다.
"절망적이라구요?

왜 우리가 절망적이어야 하죠?
우리는 아직 공격을 시작도 하지 않았는데요!"

여러분 앞에 어떤 장애물이 있는가?
코로나는 카멜레온처럼 모습을 바꾸어 또다시 출몰한다.
혹시 신종바이러스 때문에 14:0으로 지고 있는 상황은 아닌가?
하지만 14:0으로 지고 있더라도 염려하지 마시라.
하나님의 선한 손이 도우시면 전반전의 실책을 만회하고
후반전에서 판세를 뒤집을 수 있을 테니.

"하나님이…일곱째 날에는 쉬면서 숨을 돌렸다."
on the seventh day he 'rested' and was 'refreshed'
(MSG, 출 31:17)

창조주께서도 안식일에 Rest-쉬셨다.
그리고 Refresh-회복하셨다.

이제 잠시 쉼표를 찍고 멈추는 시간이 필요하다.
그 시간에 우리의 영혼을 조율해야 한다.
어디로 가야 할지?

어떻게 해야 할지?

속도보다 방향을 찾는 시간이다.

그러므로 영적으로 튜닝tuning하는 시간을 가지시라.

메뚜기는 자기 키의 수십 배의 높이로

뛰어오르기 전에 뒷다리를 모은다.

공중 나는 새는 더 멀리, 더 높이 날기 위해서 두 날개를 접는다.

이제 상반기를 되돌아보고 하반기를 준비해야 할 시점이다.

영적 튜닝의 시간에 지난 시간을 반추해보며

실수와 실책이 무엇이었는지 살펴보고,

몸과 마음을 추스르고 회복하면서,

어떤 방향으로 가야 할지 생각해 보아야 하리라.

하여, 우리 모두 올여름 휴식과 안식의 쉼표가

무의미한 성공Success이 아니라

성공적인 가치Significance를 찾아가는

한여름의 하프타임이 되시길.

" **하늘이 반 시간쯤 고요하더니** … " (계 8:1 f)

가을

도돌이표의 삶

자동차 안에서 엄마가 아이들이 편하게 앉도록 몸을 구석으로 옮기자 딸 아이가 묻는다.
"엄마, 자리 안 좁아?"
"아니 괜찮아"
엄마의 한쪽 엉덩이는 이미 들려 있었다.
자녀들이 커갈수록 엄마는 의자 밖으로 조금씩 더 밀려나고 주연主演에서 조연助演으로 역할이 바뀌어 간다.

엄마도 한때는 마시멜로처럼 말랑말랑한 사랑의 귓속말을 들으며, 알프스에서 울려 퍼지는 요들송에 몸을 흔들기도 하고, 영화 카사블랑카에서 주인공 험프리 보가트H.D.Bogart가 한 손에

와인 잔을 들고 "당신의 눈동자를 위해, 건배!"라며 달콤한 대사를 날렸던 여주인공처럼 공주, 엄친딸, 여대생 시절이 있었을 것이다. 하지만 결혼을 하고, 아이를 키우다 보니 예기치 못한 사건이 터지고 빡빡하게 감겨있던 시계태엽이 순식간에 풀리는 것처럼 놀라서 정신 줄을 놓은 적이 한두 번이 아니다. 아내, 며느리의 삶으로 접어들면서 엄마라는 위치는 결코 녹록지 않음을 매일매일 절감한다.

"모성애는 본능이고 닥치면 다 하게 되어 있어. 여친은 약하지만 엄마는 위대해!"

어떤 멍청이가 말했는지 모르지만, 엄마 노릇! 정말 힘들다. 다 표현할 수 없는 피곤, 당황, 혼란, 좌절, 놀람의 연속이고, 생활전선이 빡빡해질수록 두 팔 걷어붙이며 잔 다르크$^{Jeanne\ d'Arc}$가 되어간다. 매일 반복되는 집안일은 시작도 끝도 없는 뫼비우스띠 같고 날마다 도돌이표를 찍는 일상이다. 하지만 동일하게 돌아가는 나사못이 상승하듯 어린 자녀들은 생동감 넘치게 멋지고 아름답게 성장하는 중이다. 그것을 보고 있노라면 피곤함도 다 잊은 채 또다시 일상의 쳇바퀴를 돌리게 된다. 그러는 사이… 엄마는 어머니가 되어 간다.

프랜시스 쉐퍼F.Schaeffer는 "19세기에서 20세기로 전환될 때 인류는 이미 '절망의 선'을 넘어섰다."라고 설파했다. 절대적 가치가 해체되고 상대적 가치가 목소리를 높였다. 삶의 가장 기본적인 단위가 가정인데, 이제는 혼자 살다가 혼자 죽는 '혼살혼죽'의 삶이 흔한 시대이다. 아니 핵개인의 시대가 되었다. 이와 같은 때에 "함께 즐거워하고 함께 우는"(롬 12:15) '함즐함울'의 거실로 초대하는 사람이 있으니 그가 바로 부르고 또 부르고 싶은 이름, 하나님께서 모든 곳에 계실 수 없어서 만들었다는 바로 그 어머니다. 어머니는 비교 불가한 영혼의 안식처이다.

현대사회는 끊임없이 변하고 움직이고 옮겨가는 세상이다. 예전에는 농경민과 유목민이 구별되었지만, 현대사회는 모두가 유목민이다. 여행도 자주 다니며, 직장도 여러 번 옮기고, 유학도 가고, 이사도 빈번하다. 늘 신제품을 만나고, 신기한 기술에 매료되며, 새로운 틱톡의 세상에 빠져든다. 자녀들은 잠시도 쉬지 않고 메타버스의 신세계를 서핑하다 보니 정작 마음 둘 곳이 없다. 평화롭고 안정적인 집, 뿌리 깊은 나무를 잃어버린 세상, 비정상이 정상이 되어가는 세계, 그러한 현대의 가변성을 아우르는 말이 '뉴 노멀New Normal'이다.

그래서 자녀들도 늘 불안정하다. 하지만 엄마를 만나는 순간, 자녀들은 들녘의 평화로움과 호수의 고요함을 느낀다. 그래서 시편 기자도 말한다.

" 젖 땐 아이가 그의 어미 품에 있음 같게 하였나니
내 영혼이 젖 땐 아이와 같도다" (시 131:2)

드라마 『서른아홉』에서 주인공이 친구에게 말했다.
"엄마의 사랑은 아이의 밥숟가락 위에 반찬을 올려주는 것과 같아"
아이의 숟가락 위에 올려놓은 반찬처럼 엄마의 사랑은 아이의 마음속 감정은행에 차곡차곡 쌓여간다.

그러니 엄마, 아니 어머니들이여~
지금 자녀들의 마음이 잠시 떠나 있을지라도 강물을 거슬러 오르는 연어처럼, 고향을 그리는 원시적인 노스탤지어 향수에 사로잡히는 이들처럼, 자녀들은 엄마를 아니 어머니에게로 돌아가려는 귀소본능이 있어 제자리로 돌아올 것이다. 하니 청소년들이 가정을 벗어나 방황한다고 너무 걱정하지 말고 또 하나의 데칼코마니 같은 자녀들의 모습 속에서 부디 미소 지으시길~

'엄마'가 '어머니'가 되어가는 중간지대,
그 지점 어디쯤엔가 머물고 있는 그대는 누구인가?

베란다에 있는 화분의 꽃은 아침 햇살을 받으면 눈부시도록 아름답다. 작은 새들이 찾아와서 지저귀는 음악 소리와 함께 꽃잎들은 몸을 흔들어대고 온종일 형형색색의 아름다움을 한껏 뽐낸다. 그러다 저녁노을이 하늘을 물들이는 시간이 되면 색이 바랜 꽃잎은 스스로 붙잡고 있던 가지에서 손을 놓아버리고 조용히, 소리 없이, 화려했던 젊음을 아래로 떨구어 내린다. 떨어지는 꽃잎처럼, 버티고 버텨 봐도 마흔아홉의 삶을 지탱할 수 없다고 판단되면 중력을 이겨내지 못하는 피부는 아래로, 아래로 끌려 내려간다. 화장대 거울 앞에 앉아서 거울 속 여성을 바라보노라면 그 앞에 있는 여인의 자존감도 바닥으로 추락한다.

좀 더 시간이 흘러 자기 모습을 투영하는 그림자를 통하여 자아의 영상이 비치기 시작할 무렵이 되어서야 나이 듦을 '낡음'이 아니라 '늙음'으로 받아들일 수 있을 것이다. 프랑스 여배우 잔 모로^{J. Moreau}가 사진을 찍는 기자들에게 말했다. "사진을 찍은 다음에 내 얼굴의 주름살을 지우지 말라."고. 나이가 들어가면서 얼굴에 주름이 하나둘씩 늘어가지만, 그 주름살을 만드는 데 오랜 시간이 걸렸을 뿐 아니라 흰 머리와 주름 사이에는 젊은 세대가 쉽사리 흉내 낼 수 없는 세월의 무게가 스며있기 때문이다.

그렇게 엄마는 어머니가 되어간다.

불러도 불러도 또 부르고 싶은 엄마, 아니 어머니들이여. 자녀들이 떠난 빈자리에 우두커니 앉아 왜소해지는 모습을 보며 바닥난 자존감으로 고개를 떨구지 마시길. 성탄의 계절, 아기 예수를 품은 마리아처럼, 자녀를 품은 어머니의 가슴은 얼마나 넓을까? 바다처럼 넓고 깊을까? 그래서 한자로 바다 해-'*海*'자 속에는 어미의 모-'*母*'자가 들어있는 게 아닐까? 분명 바다 해海자를 만든 사람의 어머니는 그랬을 것이다.

그대들은 '엄마' 아니 '어머니'라는 이름 하나로 이미 충분하다. 세상에 하나밖에 없는 영원한 안식처인 어머니를 그리며…

꽃대의 시간

오늘날 아버지는 어떤 존재일까?
"아빠는 부재중!"
딸이 어릴 때 나에게 했던 말이다.

아빠들은 늘 패스트 푸드를 먹고, 패스트 워크에 몰입하며 장애물 달리기처럼 쉼 없이 나타나는 허들^{hurdle}을 넘어가며 가쁜 숨을 몰아쉬어야 한다.

모든 것이 생각의 속도만큼 빠르게 지나가고, 그 빠름 빠름에 맞추고자 삶의 중요한 순간들을 놓치고 말았다. 그렇지 않은가? 피라미드의 좁은 세계로 진입하는 경쟁은 제쳐두고라도 37명의

은행원이 하던 일을 단 한 대로 해내는 자동현금인출기 ATM 속도와 맞짱을 떠야 했고, 이제는 인공지능 AI라는 놈과 한판 자웅雌雄을 겨루어야 한다.

치열한 경쟁 사회는 바다의 부빙浮氷 위에 서 있는 듯한 불안감에 흔들리게 한다. 부재하는 현존現存-육체는 오늘 여기에 있지만 자기 자신의 인생을 포기해버리고 뒤처지지 않기 위해 정신없이 일 속에 파묻혀 오늘 여기에 머물지 못하는 삶-그것이 부재하는 아버지들의 삶이다.

그래서 하루하루가 힘이 든다. 하지만 생존을 위해 빠르디빠른 일 속에 파묻혀 있는 아버지들을 더욱 힘들게 만드는 것은 존재가치의 하락이다. 얼라들의 재롱잔치를 여유롭게 보지 못하고, 콩나물처럼 빽빽한 새벽 전철을 견디어야 했고, 밤거리의 가로등 밑을 지친 발걸음으로 터벅터벅 걸으며 지금까지 버티었건만, 이제는 자녀 세대의 문화를 따라잡지 못한 아버지를 '꼰대'라고 밀어내며, 투명 인간 취급하는 현실이 삶을 초라하게 만들고, 깊은 자괴감에 빠져들게 한다.

'파더리스 소사이어티'fatherless society-아버지 없는 사회는 동과 서가 다르지 않다. 그래도 '응답하라 1988' 시절에는 가장이었던 아버지가 집 안에서 썸바디somebody였지만, 오늘날에는 아버지의 지위가 심하게 흔들리고 있다.

프로이트는 '낯익은 낯섦'을 언캐니uncanny라 불렀다. 아버지들에게 밀레니엄 세대들은 언캐니하다. 외모는 익숙한데 어느 순간 그들의 말과 행동이 낯설게 다가온다. 그들을 어떻게 대면해야 할지 혼란스러워 입을 닫고, 고개를 돌린다. 위아래로 치이는 세상 속의 직장 역시 아침마다 낯설게 다가온다.

청소년과 장년이 지하철의 같은 공간 안에 함께 있지만 두 세대가 가장 격리된 것처럼, 집※이라는 공간에 가족이 공존하지만, 아버지들은 원 오브 뎀one of them으로 노바디nobody가 되고 있다.

하나님도 아버지라고 부르니 하늘 아버지인들 온전할 수 있을까? 지상의 아버지 지위가 흔들리니 위에 계신 아버지의 권위에도 심각한 손상이 생기고 있다. '가드리스 소사이어티'Godless society–하나님 없는 세계는 그래서 혼미와 혼돈의 카오스가 되어간다.

아버지들이여, 어떻게 해야 할까?

인생의 오전에는 태양이라는 소실점을 향해 빠르게 걷는 시간이다. 걷다 보면 중년의 태양은 어느새 머리 위를 지나가고 해를 등지게 된다. 그때 내 앞에 그림자가 나타난다. 내 모습이 투영된 검은 그늘을 통하여 우리는 비로소 자아自我의 실상을 바라보기 시작한다. 이처럼 인생의 오후는 내가 나를 바라보는 시간이다.

초 단위로 변하는 21세기 포스트 휴머니즘의 세상 속에서 내 앞의 초상화를 바라보며 슬로푸드, 슬로라이프, 느림의 미학을 생각해 보아야 한다. 이제 아버지들은 빠름, 빠름의 자동차를 잠시 멈추고, 차 밖으로 나와 하늘 보고 땅 보고 길가의 나무를 향해 큰 숨을 들이시며, 오늘 '지금, 여기'에 멈추어 서서 천천히 자기 앞에 투영된 자의식의 실체를 들여다보아야 할 시점이다.

시편 기자는 말한다.

" 너희는 가만히 있어 내가 하나님 됨을 알지어다" (시 46:10)

느리게 가면 분명 보이는 것들이 있다.

젊은 세대들이 쉽게 복제할 수 없는 그 무엇, 우리는 그것을 '아우라'Aura라고 불러도 좋을 것이다. 살아온 세월의 무게가 내재되어 있는 중년의 아우라가 드러난다면 썸바디가 아니라 노바디인들 어떤가? 그러니 이제 뒤처지고, 소외되어, 아무도 알아주지 않는다는 초조함 속에서 불안해하는 'FOMO'fear of missing out 감정에 휘둘리지 않기를 바란다.

"가을은 낙엽이 꽃이 되는 두 번째 봄이다."라는 알베르 카뮈 Albert Camus의 말처럼, 비록 어린 세대들이 '꼰대'라 부를지라도 어깨를 활짝 펴고, 남은 생애를 이보다 더 좋을 수 없는 멋지고 황홀한 '꽃대'로 살아가시길 온 맘 다하여 축복한다.

아버지들의 아우라에 존경을 표하며…

묵상의 숲속으로

Ⅰ.

성경 속에서 우리를 기다리시는 주님.

통독通讀 없는 정독은 넓이가 없고, 정독精讀 없는 통독은 깊이가 얕습니다. 하니, 현미경으로 꽃과 나무를 관찰하듯 말씀을 정독하게 하셔서 성경의 미시적 세계로 들어가게 하시고, 망원경으로 숲과 밀림을 바라보듯 말씀을 통독하게 하셔서 성경의 거시적 세계를 조망하게 하소서.

성경을 통독하고 말씀을 정독하여 '말씀읽기'Lectio의 거룩한 습관을 형성하므로 우리를 새롭게 빚어 가시는 창조주를 경험하게 하소서.

Ⅱ.

바쁜 일정 속에서도
한적한 곳으로 물러나 깊은 묵상 속에 머무셨던 주님.
오늘 이 세대를 어떻게 말할 수 있을까요?
사색 없이 검색만 하는 세대.
주님, 물이 없어 갈함이 아닙니다.
성경책이 없어서도 아닙니다.
피상적이고 세속화된 말씀이 난무하는 까닭에 영혼의 양식이 되지 못하고 있습니다.

내 생각의 문턱 너머에서 사색하는 '말씀묵상'Meditatio의 세계로 인도하시고, 메시지 속에서 주님과 함께 호흡하며, 동행하는 삶이 되게 하소서.

Ⅲ.

갈멜산의 바알 숭배자들은 아침부터 저녁까지 부르짖었지만 그들의 기도는 허공을 치는 독백에 불과했습니다. 하지만 엘리야의 기도에 하늘에서 응답하신 하나님.

우리가 기도로 몸짓하며 찬양으로 나아갈 때, 말씀으로 내 영혼의 압점을 찌르셔서 쓴 뿌리가 제거되게 하시고, 말씀으로 내 영혼의 수맥을 터치하셔서 상한 심령을 치유하시며, 내 영혼의 공간에 말씀을 공명시켜 맑은 가락의 찬미 소리가 흘러나오게 하소서.

하여, 우리의 '말씀기도'Oratio가 바닷가의 흩어지는 포말처럼 허공을 치는 독백이 아니라 하나님과 교제하는 친밀한 대화가 되게 하소서.

IV.

우리와 친밀한 관계를 원하시는 주님.

Covid-19는 '사회적 거리두기'라는 명령어를 소환하여 온 세상을 컨텍Contact에서 언텍Untack의 세계로 바꾸어 놓았습니다. 문제는 우리 마음속의 코로나는 현재진행형이고, 주님과 언텍 중입니다. 몸부림을 쳐 보지만 정신의 메마름은 심해지고, 영혼의 목마름도 갈증이 더 심해집니다. 그러니 기쁨과 만족이 5월의 아지랑이처럼 쉬이 사라집니다.

주님, 향방 없는 달음질을 잠시 멈추게 하셔서

하나님의 현존現存 앞에 머물게 하소서.

그 말씀을 읽고,

그 말씀을 묵상하고,

그 말씀을 붙들고 기도하는 거룩한 습관을 형성하므로

그 말씀과 하나 되는 '말씀일치'Contemplatio의 은총을 허락하소서.

V.

아침마다 새롭게 하시는 주님.

하루의 일과가 시작되기 전, 주님 앞에 나아감으로 우리가 알지 못하는 깊은 밤, 하늘에서 내려주신 만나를 발견하게 하시며, 연초부터 연말까지 때를 따라 주어지는 은혜의 타이밍을 놓치지 않게 하소서.

현대인들은 휴일은 있으나 안식일이 없습니다. 날마다 은총의 보좌 앞에 머무는 코람데오의 시간을 갖게 하셔서 '말씀은혜'Gratias 안에서 진정 영혼의 쉼을 누릴 수 있도록 도와주소서.

주님, 설레는 마음으로 내일 아침 그 말씀을 기다립니다.

Afg國

오랜만에 아프가니스탄에서 M이 두바이에 왔다.

"먹고 싶은 것이 있으면 무엇이든 말씀해 보세요".
"…햄버거요."
"아니, 그런 거 말고 다른 거"
"햄버거요!"
"아니, 스시, 해물탕, 스테이크, 샤브샤브…미안해하지 말고 뭐든지 말해 보라니깐"
"햄버거요!"
.
.

그랬다.

M이 머무는 땅은 500년 동안 비가 오지 않는다는 칠레의 아타카마 사막도 아닌데 비가 내리지 않는다. 하늘에는 모래 먼지 때문에 하얀 뭉게구름이 보이지 않고 시장에는 검은색 파리 떼가 가득하다. 산 위에는 녹색의 나무들이 사라진 지 오래되었고 황량한 들판에는 가시 돋친 떨기나무만 있을 뿐이다. 도시에는 예술이 허용되지 않고 그리고 햄버거가 없다.

M이 머무는 땅은
단절
결핍
테러
위협
분쟁
고통
분노
절망
외로움
끝없는 자기와의 싸움이 있는 땅이다.

그렇지만 M은 내일도 어제처럼 '하늘 씨앗'을 심을 곳을 찾아 나설 것이다.

두미페

'두바이 미션 페스티발'에 참여한 선교사들이 지은 삼행시이다.

아동부

우즈베키스탄 김예영
두 – 두근두근 두미페가 시작되었어요.
미 – 미리미리 초청받고 모였군요.
페 – 페스티발 어때요? 미션이 확 불타오르죠?

탄자니아 공다윗
두 – 두려움이 마음에

미 - 미움이 마음에 문을 두드렸지만
페 - 페스티발에서 한 방에 날려 버렸습니다

키르키즈스탄 김주은

두 - 두바이 한인교회에 부탁합니다. 맛있는 것 많이 주세요.
미 - 미안한데요. 다음부터는 과자를 하나씩 주지 마시고
페 - 페키지로 포장해서 왕창 나누어 주시면 좋겠습니다.

장년부

튀니지 이소영

두 - 두 마음 품고
미 - 미션하면
페 - 폐인된다

부룬디 정선미

두 - 두고 온 선교지, 하도 속 썩여서
미 - 미련 없이 도망치고 싶은데…
페 - 페속까지 생각나게 하네. 아, 두미페!

말레이시아 복경자

두 - 두바이에 와서 깨달았지요

미 - 미래의 무슬림 형제들이

페 - 폐기 처분 되기 전에 구조해야 된다는 걸

모리타니아 이종연

두 - 두 해를 준비했습니다. 삼행시

미 - 미친 듯이 준비하여 컴퓨터에 저장했습니다.

페 - 페스워드가 기억나지 않아요.

이집트 박에스더

두 - 두 살배기 아이가 세발자전거를 타듯이

미 - 미생인 우리도 비틀거립니다.

    하지만 주님의 나라를 위해 열심히

페 - 페달을 밟겠습니다.

이집트 안현주

두 - 두마음! 앙~돼요~~ 한마음으로 연합해요

미 - 미루면! 앙~돼요~~ 부르심에 순종해요

페 - 페러디! 앙~돼요~~ 진짜배기로 살아요.

스텝으로 섬긴 남윤정집사

두 - 두 번은 못하겠네~ 두미페 스텝

미 - 미흡한 점이 많으니 올해까지만 하겠습니다.

페 - 폐허가 된 집구석을 보니 눈물이 나는구나.

은혜받은 후 다시 지은 삼행시

두 - 두 번째 하라면 더 잘하겠네~ 두미페 스텝

미 - 미천한 저를 스텝으로 섬기게 하시니 감사합니다.

페 - 폐허가 된 집구석도 다시 보니 천국일세.

겨울

황홀한 해넘이

늙수그레한 할배가 손주에게 묻는다.
"애야, 밥 먹었니?"
이어령 선생의 말처럼, 한국인은 참 많이도 '먹는다.'
아침도 먹고,
간식도 먹고.
밥만 먹는 것이 아니다.
마음도 먹고,
더위도 먹고,
경기에서 한 골도 먹고,
욕도 먹고,
청각 장애인도 귀를 먹는다.

나이도 '드는 것'이 아니라 '먹는다.'
먹고 먹다 보니 어느덧 노년에 접어들었다.

두바이 쉐이크자이드로드의 사거리와 달리 인생의 교차로는 불편하고, 불안하기 그지없다. 정답과 오답 사이의 신호등과 이정표가 없기 때문이다.

올바른 푯대를 향해 "직가"直街(행 9:11)로 달려가는 고속도로의 시간보다 그릇된 곁길로 빠져 인생을 허비하며 되돌아올 때가 한두 번이 아니다. 잘못 들어선 길이 많았음에도 인생을 체념하지 않고 여기까지 온 것만으로도 노년의 삶은 박수 받아 마땅하다.

인생길에서 많은 사람들을 만나게 된다. 그 만남에는 직접적인 원인인 인因과 간접적인 원인인 연緣이 씨줄과 날줄처럼 잇대어 맺은 인연因緣 들로 가득하다. 그 인연 속에는 지우개로 지우고 싶은 낙서 같은 사연도 있지만, 무지개 같은 진선미의 아름다운 삶도 수 놓아져 있다. 그렇게 무수한 인과 연이 연결되며 노년의 삶은 아름다운 궤적을 그려 왔다.

때로 설렘과 희열도 만끽했지만,
열사의 땅, 모래사막에서 제 무덤을 등에 지고 가는 낙타처럼 숨이 턱턱 막힐 때도 있었다.

오십견이 찾아올 때,
글자가 희미하게 보이기 시작할 때,
치아가 하나둘 흔들리기 시작할 때,
계단을 오르내리는 순간 다리가 후들거리기 시작할 때,
낱장의 스냅 사진들이 지난날의 추억을 되살리며
영화관의 필름처럼 쌩쌩 돌아가다가
언제부터인가 생성된 기억들이 해체되고 소멸되어
머릿속 기억들을 지우개로 하나둘 지워내듯
잦은 건망증과 치매 초기증상이 나타날 때가 그렇다.

이처럼 세월의 침식과 풍화작용을 견디어 낸 노년의 삶, 이제 창조주께서 허락하시는 남은 시간을 어떻게 보내야 하려나? 누군가 "오늘, 하루를 잘 사는 것이 내일의 죽음을 잘 준비하는 것"Well-Aging and Well Dying이라고 했던가? 그래서 나는 오늘, 이런 삶이면 좋겠다.

주름과 새치가 늘어나도 비루하지 않으며,
회한 없이 언제 어디서나 충분한 존재로,

예기치 않은 시간, 예상치 못한 장소에서
낯선 이와 마주 앉아 편안한 마음으로 카푸치노를 즐기며,
넉넉한 미소를 머금고 여유롭게 이야기를 주고받으며,
악惡을 악으로 갚지 않고 선善으로 악을 대응하는 사람들,
내 편 네 편, 이편저편 가르지 않는 지구촌 사람들과
어울리고 싶다.

때로 마음 뒤편에서
베드로의 수탉 우는 소리가 들리는
뻔한 거짓말에도 미소로 받아주는 넉넉함으로,
어디에서나 누구에게나 자유롭기에
테이블 건너편에 앉은 사람이
나의 품위 있는 언품言品과 품격 있는 인품人品을 한 조각
엿볼 수 있다면 얼마나 좋을까?
그렇게 늙어가는 꿈을 꾸고 싶다.

공원의 풍경을 보기 위해 산책도 하겠지만
나와 너, 나와 그것 사이에 있는 너울을 걷어내고
더 깊은 정경情景을 조금만 더 감상하고 싶다.

"여백이 있는 방은 빛으로 채워진다."라고 도미니크 로로 Dominique Loreau가 《심플하게 산다》에서 말했던가? 노년의 시간, 여백의 공간이 넓어져 하늘빛을 조금만 더 채워서 힘겹게 살아가는 이들에게 플로잉의 손을 조금만 더 펼 수 있으면 좋겠다.

예수님도 말씀하셨다.
"**주는 자가 받는 자보다 복이 있다.**" (행 20:35)

더 높이 올라가지 않아도 되고,
더 많이 쌓아두지 않아도 되기에
물질도 나누며,
평화도 한 조각 전하고,
칭찬과 웃음도 한껏 전달한 후에
묵묵히 허리 굽혀 신발 끈을 풀 수 있기를…

나이가 들수록 '기력으로' 사는 것이 중요하지만 '기분으로' 살아가는 것을 놓치고 싶지 않다. 느긋하게 의자에 기대어 쇼팽의 녹턴을 감상하며 아름다운 선율이 오랫동안 마음의 호수 위를 흐르게 하고 싶다. 손때 묻은 책을 들고 향내 나는 글, 아름다운 문장을 음미하고, 두꺼운 책 마지막 페이지를 넘길 때도 환희의 감정을 느끼고 싶다.

혹여라도 윌렘 드 쿠닝Willem de Kooning의 그림을 전시한다는 소식을 듣게 되면 관람객 줄이 아무리 길어도 순서를 기다리며 미술관에 입장하고 싶다. 그리고 늦은 오후, 아이들이 뛰노는 해변에 앉아서 황홀한 해넘이sunset를 감상하고 싶다.

그렇게 순간순간의 시간을 소중히 여기며 살다가 죽음의 날개 달린 수레가 황급히 다가올 때, 반갑게 맞이하며 베드로의 말처럼 "신神의 성품"(벧후 1:4)을 희미하게나마 몇 조각 드러내며, 땅의 도성에서의 삶에 감사하며 신의 도성으로 가는 길을 저항하지 않고, 마지막 호흡이 몇 번 더 남은 순간이 되면 젊었을 때 즐기던 곡曲 이무지치I Musici가 연주하는 '제미니아니'Geminiani의 음색과 음률의 흥을 놓치지 않고, 귓속에 담아 부드럽게 미소 지으며 떠나고 싶다.

백 세 시대를 맞이하여
노년의 삶을 준비하는 이들을 응원하며…

멀리 그리고 아주 가까이

그대에게 하나님은 어떤 분인가?

아빠인가?
아버지인가?
아버님인가?
그것이 아니라면 옆집 아저씨인가?

신앙은 인칭대명사 문제다.
아빠라면 친밀감의 밀도가 매우 높을 것이다.
예수님도 '아빠 아버지'(막 14:36)라 부르셨으니, 나는 막내 영성이 좋다. 아버지라면 친구 정도의 관계(?) 아버님이라면 깍듯이 예의를 갖출 것이나 거리감이 느껴질 것이다. 옆집 아저씨라면 만날 때마다 인사를 나누는 정도가 되겠지.

그대가 기도할 때 '하늘에 계시는' 분으로 부르는 것은 공간적으로 저 멀리, 저 높이 계시기 때문이 아니다. 여정의 보폭과 생각의 높낮이 때문이다.

> **"하늘이 땅보다 높듯이 나의 길은 너희 길보다 높으며 나의 생각은 너희 생각보다 높다."** (새번역, 사 55:9)

어떤 강사가 말했다.

"폭포의 낙차가 클수록 떨어지는 물방울의 파워가 크다. 하늘에서 이 땅으로 떨어진 예수님의 낙차 폭은 가장 크다."

하나님은 생각만 높은 것은 아니다.

예수님의 사랑은 힘도 세다.

나는 지구상의 한 점에 불과하다. 하나님의 존재는 우주보다 넓고, 길며, 깊고, 높다. 그런데 실상 그분은 나보다 더 내 영혼 가까이 계시는 분이시다. 무한이 유한 속에 들어오셨다.

> **"진리의 영이… 너희 속에 계실 것이다."** (MSG, 요 14:17)

엔드 크레딧

극장에서 상영되는 영화가 끝나고 'The End'가 나타나면 관객들은 자리에서 하나둘씩 일어난다. 그 뒤에, 영화를 만든 스탭들의 이름들이 기록된 자막 – 클로징 크레딧이 올라간다.

PD 서재석
편집 김수애
음악 이남홍
촬영 나영호
연출 신재국
.
.

관객들은 그 누구도 마지막 자막에 관심을 두지 않는다. 관객들이 몰라줘도 제작사는 결코 잊을 수 없는 이름들이다. 그 까닭은 영화를 만들기 위해 불면의 밤을 지새우며, 더위와 추위, 수많은 역경과 씨름하며, 피와 땀으로 얼룩진 숨겨진 이야기Hidden Story를 담고 있는 이름들이기 때문이다.

로마서 15:33의 'Amen'은 영화의 스토리가 끝나고 마지막에 나타나는 'The End'와 같다. 아멘 이후, 로마서 끝에 기록된 이름들은 로마를 기독교 국가로 만든 교회 스텝들의 이름들이다.

브리스가와 아굴라(롬 16:3)의 이름이 자막 첫머리에 나타난 것은 바울의 마음에 첫 번째를 차지하고 있었기 때문이다. 아리스도불로(10절)라는 헤롯왕의 손자도 있고, 스다구(9절)라는 황제 주치의도 있으며, 네레오의 자매들(15절)처럼 여인들도 있고, 돌쇠 암블리아(8절)라는 노예도 있다.

바울은 남녀노소, 지위 고하를 막론하고 기록했다. 나 역시 두바이에서 지난 20여 년의 사역들을 생각할 때 가장 먼저 뇌리에 떠오르는 사람이 있다. 생사고락과 희로애락을 함께한 동역자들이다. 우리 교회를 생각할 때 예수님의 뇌리에 가장 먼저 떠오르는 사람들이 있을 것이다. 그들이 누구일까?

1919. 3. 1. 발표된 독립선언서獨立宣言書에 민족대표 33人이 서명했으며 그것은 독립운동의 불씨가 되었다. 로마서 마지막 자막

에도 33人의 이름이 나타나고 있으며, 이들 33人 역시 로마제국 전체를 복음화시키는 도화선이 되었다.

《로마서》는 로마교회의 이야기다. 천국에서는 분명 두바이 한인교회의 역사인 《두바이서》가 기록될 것이다. 그렇다면 이슬람 57개국에 복음을 전하는 불쏘시개가 된 '두바이서 16장'의 33人은 누구일까?

오늘 나에게 맡겨진 사역에 헌신한 사람들…

새가족팀, 영상미디어팀, 성가대원, 꽃꽂이팀, 의자 배치팀, 교사, 목자, 셀장, 권찰, 아동부와 청소년부, 교육팀, 청년팀, 말씀기도팀, 전도팀, 해외 선교팀, 아웃리치팀, 여성팀, 가정 사역팀, 재정팀, 주방팀과 주차팀, 수많은 사역팀의 스텝들과 사역 위원장, 이름도 빛도 없이 섬기는 교우들, 그리고 교역자들이 있다.

그 일이 크든 작든, 남이 알아주던, 알아주지 않던 교회가 필요로 하는 자리에서 묵묵히 섬길 때, 세상에서는 무명한 자 같으나 하나님께는 유명한 자—결코 지울 수 없는 로마서의 마지막을 장식하는 33人처럼—하나님 나라 생명책 《두바이서》 엔드 크레딧에 기록될 이름들이 있다. 그리고 자막 어디엔가 내 이름 석 자가 기록될 수만 있다면 나는 그것만으로 충분하다.

땅에서는 유명^{有名}한 자 같으나
하늘에서 무명^{無名}한 자가 아니라
세상에서는 무명한 자 같으나
천국에서 유명한 자들이 되므로
하늘 생명책에 또렷이 기록되는 그대들이 되기를.

우리가 함께 걸어온 길,
그 길 위의 모든 것이 하나님의 은혜였다!
Soli Deo Gloria!

세상

네모 안의
이야기

Frame as Frame

사진은 눈과 뇌의 합작품이다.
앞에 Frame은 카메라 프레임이고
뒤에 Frame은 생각의 프레임이다.
이것이 사진학의 전부다.

산은 산이고, 물은 물이다.
대상은 그 자체로서 존재한다.
카메라의 프레임은 그저 그것을 포착할 뿐이다.
피사체가 작품이 되는 까닭은
뒤에 있는 생각의 프레임 때문이다.

생각이 닫히고 도그마^{Dogma}¹⁾ 되면 프레임은 권력이 되어 모순과 부조리를 낳고 테러와 전쟁처럼 끔찍한 일들이 벌어진다.

중세의 크리스텐덤^{Christendom}²⁾이 그랬다.

열린 프레임에 자유와 생명의 가치가 담긴다.

예수님의 프레임은 'Kingdom of God'(막 1:15)이었다.

생각의 프레임은 흑과 백, 빛과 그림자, 선과 면, 색상과 패턴, 형태와 질감을 통하여 대지의 기운, 시냇물의 가락, 공기의 진동, 나뭇가지의 떨림, 변화무쌍한 구름, 사계의 다채로움, 시와 클래식의 운율, 에스프레소의 향긋함, 고전철학의 깊이감, 뮤지컬의 역동성, 호수의 고요, 홀로의 고독, 골목시장의 활기, 군중의 외침, 광장의 소음과 열기, 빌딩 숲의 빽빽함, 테러와 전쟁의 광기, 세상을 덮어주는 새벽안개, 늦은 비와 첫눈, 사막의 열기와 모래폭풍의 감정이 실린다. 일상의 시간에 만나는 스투디움^{Studium}³⁾ 이다.

가끔 아주 가끔 무지개나 번개처럼

특별한 카이로스의 순간이 찾아올 때가 있다.

생각의 프레임 너머에서 오는 질적인 모멘텀.

---

1) 도그마^{Dogma}는 독단적인 신념이나 학설을 의미한다.
2) 크리스탠덤은 중세의 기독교 제국을 일컫는 용어다.
3) 스투디움^{Studium}은 롤랑 바르트가 《밝은 방:사진에 관한 노트》에서 사용한 용어로서, 일반적인 문화에 바탕을 두고 익숙하게 체험하는 평균 정서다.

롱랑 바르트Roland G. Barthes의 말을 빌리면 푼크툼Punctum [4]이다.

"필름은 악보이고 인화는 연주다"(A.아담스, Ansel Adams)라는 말처럼, 테크닉도 조금은 필요할 것이다. 그렇다 하더라도 현대사진의 사이즈는 계속 커지고 컬러는 너무 비현실적이다. 그렇다고 해서 사진의 깊이와 높이가 더해지는 것은 아니다. 사색은 없고 검색만 난무하기에 뇌가 빈貧해져서일까? 에덴동산의 모기와 세렝게티의 하마는 저마다의 유니크함이 있다. 현대사회는 모든 것을 너무 과소평가하고, 지나치게 과대평가한다. 있는 모습 그대로의 실상이 아니라 허상을 향한 질주는 '있음'의 존재가치를 상실케 한다.

나와 너, 나와 그것 사이에 존재하는 너울 – 앵프라맹스 inframnice[5] 를 걷어낼 때, '그 무엇'은 모습을 드러낸다.

---

4) 푼크툼Studium 역시 위의 책에서 사용한 용어로서, 심장을 찌르고 감정에 상처를 내는 정서적 충격이다.
5) 앵프라맹스inframnice는 프랑스 화가 마르셀 뒤샹Marcel Duchamp이 변기 '샘'의 모티브로 사용한 단어인데, 눈으로 식별할 수 없는, 완벽한 실체가 없는 초박형의 상태, 눈으로 알아채기 힘든 미세한 차이라는 뜻이다.

희망

케냐 두바이 크릭공원에서 보았다.

희망,
그것은 어디에나 있다.

요람

케냐 마사이Masai 마을 골목길에서 만났다.

엄마 품에 안긴 아이…
흙담 길에 안긴 여인…

고풍스러운 담벼락이다.
그윽하고 고귀한 어미의 모습이다.
세상에서 이처럼 포근한 장면이 또 있을까?

" **고요하고 평온케 하기를**
젖 뗀 아이가 그 어미 품에 있음 같게 하였나니" (시 131:2)

록다운 lockdown

온 세상이 셧다운이다.

쇼핑몰도 레스토랑도 사무실도 문이 닫혔다.

모로코의 아이라고 다를까

저 녀석도 문門을 열고 싶은가 보다.

" 내가 보니 하늘에 열린 문이 있는데…" (계 4:1)

콧물과 파리

동아프리카 어느 도시 골목에서 만난 아이다.
순수한 콧물과
검은 파리는 너무 이질적이다.

아이와 왕따
아이와 경쟁
아이와 빈곤
아이와 탐욕
아이와 권력
아이와 마약
아이와 폭력

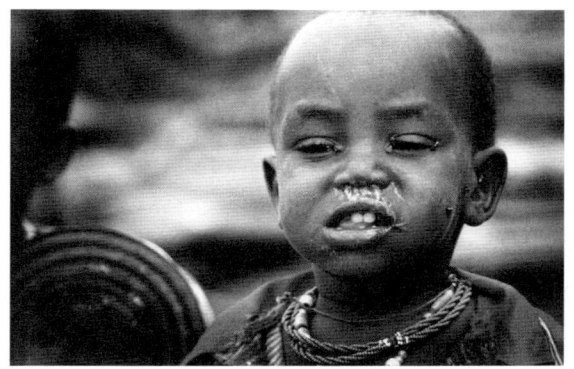

아이와 테러
아이와 전쟁
…

아이들에게
세상은 너무 이질적이다.

몽골의 소나타

울란바토르를 휘감아 흐르는 강에서
아빠가 아이들을 데리고
황혼의 냇가에서 물장구를 친다.

"자식은 주님께서 주신 선물이요
태 안에 들어 있는 열매는 주님이 주신 상급이다." (새번역. 시127:3)

사막의 장미

카타르 국립박물관은 건축의 거장 장 누벨Jean Nouvel이 열사의 땅에 피는 '사막의 장미Desert Rose'를 모티브로 설계했고, 현대건설이 시공을 맡아 세계적으로 유례가 없는 비정형 건축방식으로 7만 6천 장의 패널을 입혀 완성한 그야말로 세상에서 제일 큰 사막의 꽃이다.

이 건축물은 시드니 오페라하우스 못지않은 카타르의 아이콘으로 부상했다.
이 조형물은 낮과 밤, 두 얼굴을 가지고 있다.
태양이 떠오르면 사막에 핀 장미가 되고,
태양이 지고 나면 뮤지컬의 무대가 되기도 한다.

아빠와 딸이 밤무대에 출연했다.

두 부녀의 마음에도 사막의 장미가 피었다.

하늘에는 새가 날고

서부 아프리카 West Africa

가나 Ghana 의 하늘에는 새가 날고

해변에서 아이들이 공놀이를 하고 있다.

저 멀리 보이는

CAPE COAST CASTLE

저곳에서 얼마나 많은 흑인이

노예선을 탔을지…

두 번 다시 돌아올 수 없다는 문

DOOR OF NO RETURN

그 문을 통과하여 노예선을 타야 했던 조상들을
저 아이들은 아는지 모르는지.

압구정 로데오

나이가 드니 새벽잠이 없어진다.

새벽에 압구정 로데오거리로 나섰다.
광란의 스테이지에서 밤을 지새운 남녀 젊음이 얼기설기 모여 있다.
좋을 때다.

그들을 지나칠 때, 쇼윈도에 눈길이 갔다.
어둠 속에서도 조금도 양보하지 않는
청춘의 색상은 더욱 명징하다.
좋을 때다.

전도자는 외친다.

" 너는 청년의 때에…창조주를 기억하라"(전 12:1)

Ebony & Ivory

두바이 에미리트 인터내셔널 스쿨Emirate International School의 축제 기간에 만난 장면이다.

살아가면서
흑과 백이 이처럼
조화될 수만 있다면…

캔버스 위의 버팔로^{Buffalo}

케냐의 암보셀리에서 만난 물소다.

쉬고 있는 것일까?
짝꿍이 아파서 도움을 청하고 있을까?
아니면 부부싸움을 하고 등을 돌렸을까?
어쨌거나, 중요한 건 함께 있다는 것,
그러기에 아름다운 영상임이 틀림없다.

" …연합하여 동거함이
어찌 그리 선하고 아름다운고" (시 133:1)

장터의 여인

부룬디의 수도 부줌부라Bujumbura의 시장터에서 만난 여인이다.

하루 장사가 끝나고,
아이를 들쳐업고,
종일토록 앉아 있던 의자를
머리에 이고 떠나는 여인이다.
아침에 태어나 저녁에 생을 마감하는 하루살이처럼,
하루의 삶을 고스란히 이고 가는 삶의 무게는
결코, 짧지도 가볍지도 않을 것이다.

내일 아침 눈부신 햇살이 떠오르려면
시장터의 어느 곳에선가 아이를 품에 안고
자판대 앞에서 의자 위에 앉아 있을 저 어미를 보게 될 것이다.
또 하루의 삶이 주어졌기에…

" 내일 일을 위하여 염려하지 말라 내일 일은 내일이 염려할 것이요
한 날의 괴로움은 그날로 족하니라" (마 6:34)

가치의 몰락

르완다의 수도 키갈리

제노사이드genocide로 100만 명이 죽고,

100만 명은 망명길에 오르고

그리고 남은 이들이 시장터의 천칭天秤 위에서

멸치와 평형을 이루고 있다.

멸칫값으로 건네지는 저 돈은

얼마나 많은 시장터를 돌고 돌았을까?

멸치 장수, 고등어 장수, 나물 장수, 과부, 세리…

저 돈이 더러워진 만큼

가난한 이들의 손길이 닿았을 테고,

저 돈이 너덜거리는 만큼

궁핍한 이들의 마음과 부딪혔겠지.

저 땅에는 언제쯤 '한 영혼이 천하보다 귀하다'는
주님의 말씀이 임하게 될까?

"사람이 만일 온 천하를 얻고도…
참된 자기 자신을 잃으면 무슨 유익이 있겠느냐?
너희 목숨을 무엇과 바꾸겠느냐?" (MSG. 마 16:26)

저울추의 무게

우간다의 캄팔라Kampala에서

포트 포탈Fort Portal로 가는 여정 중,

이 여인의 시선을 접한 뒤부터 오랫동안 생각했다.

과연 무엇일까? 무슨 의미의 표정일까?

녹차茶 잎 한 자루를 따면 겨우 59실링,

하루에 20자루를 딸 수 있다는데…

불평등inequality

오랜 시간, 노동과 대가의 불평등

오랜 세월, 인생과 결과의 불평등

새순을 담은 자루와 무게 추는 불평등했다.

그로 인한 세월의 불편함이 얼굴에 새겨져 있다.

그랬다!

적어도 이 여인에게는,

평등equality은 그곳에 없었다!

정의righteousness도 그곳에 없었다!

그런데 아기 예수는 자꾸 공평하다justice 하신다.

"우리를 위해 한 아기가 태어났다…

공정함justice으로 이제부터 영원까지 다스리시리라" (MSG. 사 9:6~7)

아프리카를 품고

"Dr. On…

우간다에서 의료 아웃리치 요청이 왔는데 어떻게 할까요?"

"네, 제가 스케줄을 조정해서 가도록 하겠습니다."

Dr. On은 언제나 그랬다.

아프리카에서 부르면 조금도 주저 없이 달려갔다.

치료 장비와 의약품들을 바리바리 싸 들고 가서 1인 의료 아웃리치 시대를 열었다.

지금은 팀들이 함께 가면서 노하우들이 생겼지만 23년 전, 아프리카 의료 아웃리치를 시작할 때만 하더라도 공항에서 장비와 의약품을 통과시키려면 장애물이 많았다.

경비 한 명씩 통과할 때마다 축구공을 선물로 주어야 했다. 어떨 때는 10번도 넘게 붙잡히기도 했다. 공항을 빠져나와 자동차를 타고 10시간 넘게 달려야 현지마을에 도착하는 경우도 있다.

어느 날, Dr. On이 말했다.
"케냐에 치과 의자Dental Unit-Chair를 보내야겠습니다."
그리하여 케냐선교병원에 덴탈유닛체어를 보내어 설치했다.
Dr. On은 그 누구보다 아프리카를 가슴에 품었다.

그토록 아프리카를 위해 열심히 살아왔는데…
어느 날부터 원치 않은 질병과 사투를 벌여야 했다.
투병 생활을 하면서도 아프리카를 마음에서 놓지 못했다.
하지만 암세포는 Dr. On이 아프리카로 가는 발목을 끈질기게 붙잡았다.

그녀는 하늘 씨앗으로 이 땅에 내려와 아프리카에 사랑과 치유의 민들레 영토를 확장시켰다. 그리고 어느 날 홀연히 우리 모두에게 큰 울림을 주고 하늘로 돌아갔다. 나는 그녀의 장례식 때, 부모님이 돌아가실 때보다 더 많이 울었다.

왜? 하나님은 이 세상에 꼭 필요한 사람들을 이처럼 빨리 데리고 가는 것일까? 나는 도무지 모르겠다.

그녀는 몸에 암세포가 퍼지기 전부터 벌써 알았을까?
몇 년 후, 아프리카를 떠나 하늘로 돌아가야 한다는 것을… 그래서 아프리카에 자기가 갈 수 없더라도 그녀 대신 그곳에 자리를 지킬 수 있도록 치과 진료 의자를 미리 보낸 것일까?
아프리카에 남겨둔 덴탈유닛체어는
그녀의 분신分身이 되었다.

분명, Dr. On은 아프리카 사람들을 위해
하늘에서 보낸 천사Angel of Africa였다.

생生의 의지

인도 뉴델리 도심에는 무슬림들이 모여 사는 지역이 있다.
그곳에 꼭 가보고 싶다고 선교사님의 목을 졸랐다.

중동의 무슬림과 인도의 무슬림 차이가 무엇일까
궁금하여 정신없이 골목길을 돌아다녔다.
그러다가 어느 한 장소에서 발이 멈췄다.
좁고 어둡고 답답한 공간에 서 있는 한 남자와 눈이 마주쳤다.

이 남자가 앞면을 가리고 있는 것은
중동 여인이 얼굴을 가리는 안면 쓰개 - 니캅이 아니다.
먼지가 기도를 통해 들어가는 것을 막는 먼지 마개다.

이 남자가 막아내야 하는 것은 세속의 때 묻은 먼지만이 아닐 것이다. 적은 임금, 높은 물가, 인도인의 무슬림 공격, 카스트의 인종차별, 힘을 가진 자와 힘을 빼앗긴 자의 세력 차이…

그는 굳은 의지로 좌절에 이르게 하는 절망을 용납하지 않겠다며 온몸으로 막아내고 있다.

삶의 의지다!

소통

생각과 감정이 부딪치고
이념과 이데올로기가 충돌한다.
이곳과 저곳의 사람들이 다투고
이땅 저땅의 백성들이 전쟁을 벌이고 있다.
먹통이다.
생각의 거리는 멀어지고,
관계는 더욱 불통이 되어가는 듯하다.

헬싱키의 시벨리우스 기념비 아래로 들어가 누워서 위를 보았다.
그러자 홀연히 하늘로부터

급하고 강한 바람 같은 소리로 '소통하자!'라며
말씀이 마음의 골방으로 내려오신다.

"볼지어다 내가 문밖에 서서 두드리노니" (계 3:20)

직가 直街

헬기에서 내려다 본 빅아일랜드 Big Island 의 모습은
마치 천국으로 가는 직가곧은길처럼 보였다.

"주께서 이르시되
일어나 직가直街라 하는 거리로 가라" (행 9:11)

크리주칼나스

마드리드 프라도미술관에는 V. 티치아노 Tiziano Vecellio의 작품 '에케 호모'Ecce Homo가 걸려 있다. 빌라도는 가시관을 쓰고, 자색 망토를 걸친 예수를 가리키며 외쳤다.

"**이 사람을 보라. 에케호모!**" (요 19:5)

유대 군중들은 두 주먹을 치켜들고 소리쳤다.

"**그를 십자가에 못 박으라**" (요 19:15)

빌라도는 손을 씻으며 말했다.

"이 사람의 피에 대하여 나는 무죄하니 너희가 당하라" (마 27:24)

군중들은 "그 피를 우리와 우리 자손에게 돌리라."라며 목소리를 높였다.

그래서였을까? 그 후손들 600만이 피를 흘렸다.

마리엔플레츠에서, 아우슈비츠에서…

홀로코스트의 화신 아이히만 Otto Adolf Eichmann의 재판정의 모습을 보고 한나 아렌트 Hannah Arendt는 "악은 평범하다 Banality of evil."고 말했던가.

우리 역시 빌라도와 총독관저에 있던 군중들과 다르지 않다는 통찰이다.

100만 명이 600km의 인간띠를 연결하여 구소련으로부터 독립을 쟁취했다는 발틱의 길 The Baltic Way을 따라 리투아니아에 도착했다. 그곳에는 전혀 예기치 못했던 장소가 숨겨져 있었다.

크리주칼나스 Kryžių kalnas

리투아니아 말로 십자가 언덕이다.

수많은 사연을 담고 있는 수십만 개의 십자가가 세워져 있다.

그 언덕을 다니다가 십자가 하나가 내 시선을 끌어당겼다.

지금도 주님께서 저렇게 많은 십자가를 지고 계시다니…

"**날마다 우리의 짐을 지시는 주여**" (시편 68:19)

마그마

하와이 빅아일랜드 활화산의 정상 위에서 헬기 조종사가 말했다.

"용암이 흘러내리는 장면을 보는 것은 큰 행운입니다. 용암이 매일 흘러내리는 것도 아니고, 흘러내려도 3시간만 지나면 볼 수가 없습니다. 창문 밖으로 팔을 뻗어 보십시오."

창밖으로 손을 내밀자, 용광로 속에서 끓고 있는 쇳물처럼 뜨겁게 타오르는 마그마의 열기가 느껴졌다. 나를 향한 예수님의 피 끓는 심장이고 너를 향한 하나님의 뜨거운 사랑이다.

용암이 분화구 밖으로 흘러내렸다. 마치 갈보리에서 흘리신 그리스도의 피 같다. 내 죄의 목록이 기록된 종이 위에도 흘러내리는 피다.

> "법조문에 쓴 증서를 도말塗抹하시고
> 지워 버리사 십자가에 못 박았느니라" (골 2:14)

'도말'塗抹 페인트칠을 했다는 뜻이다. 내 죄의 목록이 예수님의 피로 도말되었다. 볼케이노 파크의 활화산 분화구 밖으로 분출된 용암이 흘러 흘러 바닷물 위로 떨어졌다. 마치 오대양 육대주를 향하여 복음이 흘러가듯…

> "오직 성령이 너희에게 임하시면…
> 예루살렘과 온 유대와 사마리아와 땅끝까지 이르러" (행 1:8)

외길

파키스탄의 시골에서 만난 외나무다리다.

영화 '인디아나 존스' 2편 마지막 장면을 찍었던 곳이라 한다.

강 건너에는 깎아지른 바위산이 있고, 강 너머에는 샘물이 나는 숨겨진 마을이 있다고 했다.

그 마을을 가보고 싶어서 다리 위로 올라섰다.

실수했다는 생각을 하는 데는 오래 걸리지 않았다.

불과 십 미터도 못 가서 떨리는 다리를 멈추어 세웠다.

얼기설기 엮어진 다리를 걸어가는 데 등에는 식은땀이 흘렀다. 그런데 칠순쯤 되어 보이는 할아버지가 조금도 주저 없이 다리 위를 성큼성큼 걸어오는 것이 아닌가?

나중에 할아버지께 물어보았다.

바위산 뒤에 숨겨진 마을을 가는 길이 이 다리밖에 없냐고?

할아버지는 "이 다리 하나밖에 없다."라고 말했다.

"옆에 있는 낡은 다리로도 못 가고 하나밖에 없는 새 다리로만 가야 한다."라고

외길이다!

"내가 곧 길이요 진리요…

나로 말미암지 않고는 아버지께로 올 자가 없느니라." (요 14:6)

천로역정

파키스탄의 어느 시골길이다.

굽은 길을 걷고 있는 저 사람은
하루 일과를 마치고 집으로 오는 것일까?
순례자의 길을 떠나는 길일까?

초승달의 향방

자동차로 키르기스 수도인 비쉬켁에서 외곽으로 달리다가 차를 멈추고 언덕 위로 한달음에 올라갔다. 무덤 옆에 초승달이 세워져 있었다.

이슬람은 "초승달이 만월을 향해 성장해 간다."라고 주장하고 기독교는 "초승달은 이슬람이 기울고 쇠락해져 가는 것"으로 해석한다.

저쪽이 맞을까?
이쪽이 옳을까?

너무 멀고, 작다

바티칸의 교황청에 보관되어 있다는 '롱기누스의 창'Lance of Longinus은 십자가에 달리신 예수를 찌른 긴 창이다.(요 19:34)

그 창이 더 이상 내 영혼을 '찌르지' 않는다.(행 2:37)

그 창끝이 무디어진 것일까?

내 마음이 무감각해진 까닭일까?

너무 멀다.

몬세라트 수도원에서 바라본 십자가 있는 곳이.

예수님은 자꾸 "십자가를 지라." 하신다.

그런데 너무 멀리 떨어져 있다.

저 십자가는…

망각의 계단

체코 프라하의 전철역 입구다.

내 삶의 뒤안길을 반추해보아야 할 텐데,
영혼의 지하실을 내려가는 계단은 정상 가동되고 있는 건지…

기억의 액자

리스본, 어느 지구인지는 잘 기억나지 않는다.
스프레이 하나로 도시 전체를 디자인한 도시다.
독창적인 점과 선,
화려하면서도 강렬한 색상,
장난스러운 위트와 기발한 아이디어,
자신만의 색깔로 빚어낸 낙서들.

낙서일까? 예술일까?
도시 전체가 그라피티Graffiti 캔버스가 된 리스본이다.
빌스vhils, 알렉산드로 파르토Alexandre Farto 같은
세계적인 작가들이 이곳에서 활동하고 있는 것을 보면

이 도시는 낙서를 예술로 끌어올렸음에 틀림없다.
어쩌면 그라피티 작가들의 꿈의 도시 보고타보다도 더.

보는 이로 하여금 시선을 끌어당기는
저 벽화 속에서 사연을 담고 있는 빈티지가 묻어난다.
'기억의 액자 속으로'

내 과거의 방문을 열고, 기억의 계단을 내려가,
오래된 먼지와 거미줄을 걷어내고,
내 영혼의 지하실에는 무슨 사연들이 그려져 있을지
들여다보아야겠다.

쇼윈도를 지나

청담동 골목길에서 허리가 굽은 할머니가 지나갔다.

쇼윈도처럼 화려했던 청춘도
호기심도, 열정도 희미해져 간다.
품 곁에 있던 자식들은 자기 길을 찾아 떠났고,
나를 비추던 스포트라이트도 꺼졌으며
외로운 지팡이만 곁을 지킨다.

**"나와 함께 한 자가 하나도 없고 다 나를 버렸으나
주께서 내 곁에 서서 나에게 힘을 주심은…"** (딤후 4:16~17)

비움과 채움

아프가니스탄 카불의 어느 시장터에서 만난 노인이다.
탈레반이 지배하는 그 땅의 상황은 한국의 50년대 전쟁 후의 모습이다.

수레는 비어있고,
노인은 하염없이 기다린다.

내 삶의 현주소는 몇 년 도일까?
내 영혼의 수레는 무엇을 비워내야 하고, 무엇을 채워야 할까?

초겨울이다

늦봄이다.
고성古城에서 홀로 우두커니 서 있는
마르디 마른 저 나무는
살았을까? 죽었을까?

늦가을이다.
리스본의 옛 성 뒷마당에 외로이 앉아 있는
왜소해져 가는 내 감성은
살았을까? 죽어갈까?

내 마음은 초겨울이다!

연기처럼…

우간다와 콩고의 접경지대.
사지^{死地}를 피해 도망 나온 피그미^{Pygmy}족.
그들은 대대로 밀림 지역에서 살았다.
키가 130cm를 넘지 않는 부족이고,
추장의 말에 절대복종하는 종족이다.
높이 1.2m, 넓이 2m 정도 되는 움막들을 몇 개 지어놓고,
60여 명이 옹기종기 모여 산다.
이들은 선교사나 NGO의 도움으로
겨우 연명하는 작디작은 사람들이다.
담배 한 대를 빨아들이고 뿜어내는 노파의 모습에서
살아온 세월의 무게가 연기처럼 사라져버리는

그 무엇이…가슴을 저리게 했다.

세계 곳곳에는 우리가 알지 못하는 사람들이 너무나 많다.
잊혀진 사람들, 소외된 사람들, 버려진 사람들…
누군가 손을 내밀어 주지 않으면 스러져갈 사람들이다.

마치 하늘로 날아가 소멸해 버리는 연기처럼…
분명 그들도 세월의 무게를 지닌 존재일 터…

낙엽의 시간

베를린의 브란덴부르크 남쪽에 위치한
홀로코스트로 살해된 유대인 기념 추모비이다.
Denkmal für die ermordeten Juden Europas
1만 9,073m²의 부지에 콘크리트 비석 2,711개가 격자 모양으로 늘어서 있고, 두께 0.95m, 너비 2.38m의 블록이 다양한 높이로 세워져 있다.

묘지 사이로
시간의 낙엽이 흩날린다.

구겨진 종이의 스케치

아우슈비츠 수용소 Konzentrationslager Auschwitz는 폴란드의 오시비엥침에 있는 옛 수용소다. 문화어로 오슈벵찜 수용소라고도 불린다. 크라쿠프에서 서쪽으로 약 70km 떨어져 있다. 나치가 세운 강제수용소 중에서 최대 규모이며, 수용소는 전체 28동으로 되어 있다.

그 안을 돌아다니는데 한 장의 조그만 그림이 내 시선을 자석처럼 끌어당겼다. 내 두 발은 구겨진 종이 위에 그린 스케치 앞에서 그만 얼어붙었다.

모든 것을 빼앗긴 수용소에서
어떻게 연필과 종이를 구했을까?

칠흑같이 어두운 감옥에서
어떻게 빛을 볼 수 있었을까?

육과 혼이 저당 잡힌 옥에서
어떻게 희망을 노래할 수 있었을까?

모든 것을 불태운 수용소에서
이 스케치는 어떻게 살아남았을까?

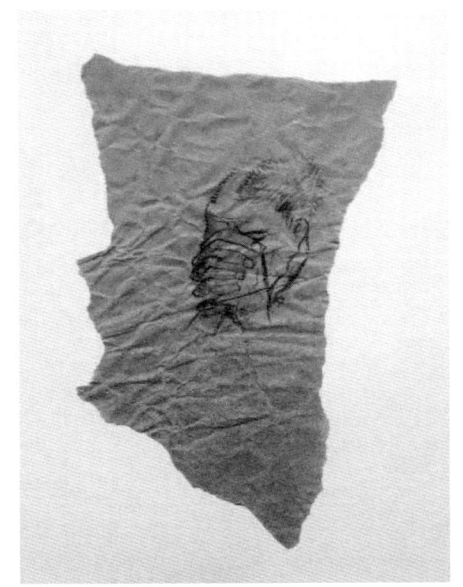

DDP 계단

동대문 디자인 플라자 계단에서 오랫동안 기다리다 만난 장면이다.

나무 십자가에 달리신 예수님의 호흡이 멎자, 예루살렘성전 지성소를 가로막고 있던 커튼 "휘장이 위로부터 아래로" 찢어졌다.(마 27:51)

그리고
천국의 문이 열렸다!

쉼

케이프타운의 식물원을 산책하다가
푸르름이 가득한 싱그러운 나무와 조우(遭遇)하였다.

저 나무 밑의 벤치에 누워 낮잠을 청해보고 싶다.
마치 천국의 뒤뜰 같은 저곳에서.

(에필로그)

인상파의 태동을 열렬하게 지지했던 보들레르$^{C.P.Baudelaire}$의 신개념은 '현대성'^{modernity}이었다. 현대성이란 일시적인 것에서 영원성을 끌어내는 것이다. 다시 말하면 찰나의 '있음'과 '없음' 사이에 존재하는 영원한 순간을 포착해 내는 것을 말한다. 둘도 없이 오직 한 번뿐인 아름다움이 눈 깜빡이는 사이에 잠시 머물다 떠나간다.

생각해 보라.

두 발 딛고 서 있는 공간 위에 봄, 여름, 가을, 겨울이라는 시간이 흐르고 있다. 사계절은 일 년, 한 달, 일주일, 하루, 한 시간으로 나누어지고, 더 이상 쪼갤 수 없는 그 분초의 시간 속에 숨겨져 있는 진선미^{眞善美}는 유일무이하다.

여의도 벚꽃축제 때,
이종찬님이 찍은 필자의 모습

어제는 이미 지나갔고, 내일은 아직 오지 않았다.

과거는 기억 속에 저장되고, 미래는 상상 속에 머문다.

공간과 시간 속에 현존하는 것은 오직 현재뿐이다.

지금 여기, 단 한순간으로 존재하기에 참으로 신비롭다.

바로 여기에 실재하는 그 하늘, 그 땅, 그 사람, 곧 사라질 그 장면. 그때 그곳에서 그것을 본 사람은 지구상에서 오직 나 한 사람이다.

오늘, 이 시간은 영원과 맞닿아 있다. 그러하기에 코끝으로 호흡하며 땅 위에 두 발 딛고 서 있는 당신의 모습 역시 경이롭다.

"순간이여 멈추어라. 너는 참으로 아름답다." (괴테, J. W. Goethe)

에필로그

네모
안의
이야기